There

is

Hope

Martin Stepek

ISBN:978-0-9556507-3-4

Cover design
by
Etta Dunn
with grateful thanks to the Sikorsky Museum, Glasgow
for permission to reproduce the sketches herein.
Artist unknown.

Printed by Clydeside Press, Glasgow

Fleming Publications
Fleming House
Glasgow

qFP

Foreword
by
Neal Ascherson

Martin Stepek has written this astonishing poem which is at once a monument, a meditation, a prayer and an epic. It is a memorial or monument, in the first place, to the fate of his Polish family in the 1940s, a fate they shared with hundreds of thousands of Polish civilians deported to the Gulag or the Asian wastes by the Soviet invaders in 1940. It is a meditation on life and death; his grandfather died as a Resistance fighter against the Nazis, while his grandmother survived her escape from the Soviet Union by only a few months. Their children survived the war and settled in Scotland; they used to the full the chance of a long life in a peaceful country, but now they in turn are approaching their end. Martin's father Jan, a leading figure in Scotland's Polish community, died almost as this book was going to press. The memory of what they experienced and survived must not disappear with that generation.

The poem is a prayer, not only for Poland ('that most beguiling of emotional projections') but for all peoples and places in all times which have known displacement and suffering: the Clearances or the agony of Darfur. And it is an epic, the tale of one of history's great wanderings. Deported into Soviet slavery, the surviving Polish families were released a year later and set off - often on foot - to seek the free Polish army being set up in central Asia. Starving and sick, those who reached their compatriots were near to death. Finally, they were crammed onto rusty steamers and taken across the Caspian to Iran, where British and Persian doctors and nurses awaited them. Restored to health, the men went on to fight in North Africa and Italy, but most of the women and children were scattered across the world to await the end of the war.

Unlike other epics, this pilgrimage did not end in triumph. The Trojans in the Aeneid reached a new land and founded an empire: Odysseus finally returned to find his home intact and his wife waiting for him. But the Poles had lost their country. The Stepeks' home was now in another state, Soviet Ukraine. For others who did not come from the eastern borderlands, a Communist Poland under Soviet domination no longer felt like the nation they had fought for.

Tender and impassioned - and sensitively translated into Polish on the facing pages by Kasia Kokowska - this book should be on every table where Poland is discussed, and the brave dead are remembered.

Preface

World War Two began with the near simultaneous invasions of Poland by Hitler's Nazi forces in the west and Stalin's Red Army in the east. The annihilation of the Jewish peoples of Europe is the most powerful and heartbreaking story of the evil that resulted from the conquests and brutality that followed. Each of the six million Jewish men, women and children is an individual tragedy, and a collective disaster for humanity.

But theirs was not the only tragedy, nor the only attempt to destroy a people during World War Two. Starting in February 1940 under direct orders from Stalin the forces of the Soviet Union forcibly deported an estimated 1.7 million Polish citizens to labour camps scattered across the vast stretches of Siberia, Kazakhstan and Arctic Russia. The number who died as a result is impossible to ascertain but only around 250,000 are known to have survived.

What I do know is that amongst those deported were my father, then aged 17 and his two younger sisters, Zofia, known as Zosia, and Maria Danuta, called Danka. The girls were fourteen and twelve when forced into cattle trucks in the early hours of 10 February 1940. Also with them was their mother, Janina (nee Ciupka) who was thirty-six at the time. Her husband, my grandfather, Wladyslaw Stepek, avoided deportation by sheer chance. He had been tipped off in September 1939 that the Red Army planned to arrest and kill him as he was considered a potential resistance leader, so he had already fled into hiding in the Nazi-occupied part of Poland thinking his family would be safer in his absence. He was there, in the little village of Haczow, when his family were removed from their home, playing his part in organising the local resistance until illness made this impossible. He died of cancer in 1943, fated never to learn what finally befell his wife and children.

The three children survived the gulag to which they were sent; a labour settlement in the Archangel region of the Soviet Union, near a village named Charytonowo. The journey in the cattle trucks to the camp took three weeks, during which time food and water were in desperately short supply. The weakest did not survive the journey. There in the camp the family worked, barefoot, through an eight-month long Siberian winter, malnourished yet hopeful of deliverance sometime, somehow.

After eighteen months freedom came in an ironic fashion. Hitler's decision to invade the Soviet-occupied half of Poland meant that Stalin had to pull as many troops together as possible, so he agreed with Winston Churchill and the head of the Polish Government-in-Exile, Sikorski, to release the surviving Poles from the camps. They were to make their way to Kazakhstan where all who were fit and strong enough to fight would be trained as soldiers in the Allied cause.

The Stepek family left the camp in the early winter months of 1941 and had to travel three thousand miles to reach these new recruitment centres. With scarce resources and no assistance to know which way they were heading they travelled almost six thousand miles in total. They found they had headed much too far east so had to double-back. It took them three months to reach the care of Polish officers and doctors in the spring of 1942. From there they were evacuated from the Soviet Union by ship across the Caspian Sea in the summer of 1942 to freedom in Persia, now modern day Iran.

All three children, by then aged 19, 16 and 14, joined the Polish armed forces, and the elder two played active roles in the war. The youngest, Danka, was moved to Palestine in early 1943 where she resumed her schooling. All three children survived the war years and by 1947 they had all settled in Britain. A return to Poland was considered by all of them to be impossible as Stalin's troops now occupied the whole country and had annexed the eastern half of Poland where the family had been raised.

Tragically my grandmother, the children's mother, Janina did not make it. She died, slowly and wretchedly, of starvation, finally expiring on 25 October 1942 shortly after reaching freedom in Teheran, the capital of Persia. There she lies buried. She was only forty years old.

The poem is neither a retelling of their story, nor a consciously created meditation on it. Rather it is a collage which I hope builds to form a coherent whole, and it is in this open and fluid approach which I hope the reader absorbs the words I have written. I have rarely tried to be "poetic" in this work, preferring if I may use the great Wilfred Owen's words that "the poetry is in the pity."

Whilst I think the piece as a whole serves both as a poem in its own right, and can be read as a historical and personal exploration, I would ask the reader to remain aware of the wider context of the themes of this poem. I am deeply conscious of the fact that a distant relative, Czeslaw Stepek, of Haczow, died at Auschwitz, and Josef Ciupka, who seems to have been a relative of my grandmother, was a victim of the Soviet mass murder of Polish officers and intellectuals at Katyn Forest. In July 2010 I was in Poland on holiday with my wife and two children. My father's cousin Marian told me how his eldest brother was shot through the head in a cell in Moscow. Thus the two strands of my father's family - the Stepeks and the Ciupkas - have family members still living from that time who directly lost through the Nazi and Soviet oppression of Poland some of the people they most loved in life. May my Polish ancestors, and all who were victims of the atrocities of World War Two rest in peace, may we never forget them or their suffering and loss, and may we work diligently to eradicate from humanity the root causes of their deaths – racial, national and class hatreds.

In a remarkable example of the resilience of the human race, as I write this preface my father and his two younger sisters, my two aunts, are still alive, some seventy years after the events in this poem took place. My father Jan became one of Scotland's most well-known business people in the 1970s and 80s and our family name became a household brand in the minds of most of the people of central Scotland. He lives with my mother in Hamilton, home of the football club Hamilton Academical which he saved from extinction. He is now in his ninetieth year.

My Aunt Danka lives some twelve miles from my father in the south side of Glasgow. When she was fifteen, weighed on arrival in Persia, the scales told the shocked doctors that she was only 25kg, or 3 stone and 12 pounds. She was wearing a full army uniform at the time so her real weight must have been even less. Danka too, with her husband Hubert, became a successful entrepreneur in Glasgow. She is now eighty-four and thriving.

Finally my Aunt Zosia, on leaving Persia in 1943 became a qualified interpreter and teacher of English in Alexandria, Egypt to help Polish officers discuss strategy with their British and American counterparts for the remainder of the war. Zosia became a teacher of English at secondary schools in London where she still lives at the grand old age of eighty-six.

Thus the period of their lives which this poem covers, though dramatic and tragic, tells only of the shorter part of their astonishing lives and I hope the reader on finishing this work leaves not with a sense of shock about the barbarity of humanity but with awareness that we can overcome such suffering and live a full, rich and loving life. We owe it to those who did not survive to live our own lives with passion and joy, and with a commitment to prevent oppression in all its forms.

Acknowledgments

My grateful thanks to the members of the Kresy-Siberia group on Yahoo, most of whom I have never met. Their selfless offers of help to other members of the group has enriched our lives immensely and allowed me to find precious documents which directly influenced this work and gave me background understanding of the emotional magnitude of my family's patriotism and suffering. The same thanks are due to Kenneth Rybarczyk and his colleagues at the Sikorski Club in Glasgow for allowing me to do readings of my work at the club and for their permission to use the remarkable sketches of the Siberian deportations found at the club. Kenneth's father Julian is a survivor of Siberia.

Also to my mother for sharing with me how my father and she met in a dance hall in Glasgow, and how Dad, then aged 24, tried to explain to a 19 year old young woman from Rutherglen, Scotland, the odyssey he had endured. Of course, immeasurable thanks are due to my father and my two aunts who allowed me to interview them about unbearably painful events in their lives, particularly the last farewell to their father in 1939, and the death of their mother in Teheran in October 1942. As a result of their kindness in submitting to my interviews our extended family know so much more about our heritage than we would otherwise have known, and our family are much the richer for this.

PRZEDMOWA

Druga wojna światowa rozpoczęła się zsynchronizowanym atakiem na Polskę nazistowskich wojsk Hitlera z zachodu i stalinowskiej Armii Czerwonej ze wschodu. Podbój ten doprowadził do masowej zagłady ludności żydowskiej w Europie, która jest nabardziej wstrząsającą historią zła spośród brutalnych konsekwencji tej wojny. Każde z sześciu milionów żydowskich mężczyzn, kobiet i dzieci, które zginęły - to tragedia tak w sensie historii pojedynczych ludzi, jak i zbiorowa katastrofa ludzkości.

Lecz nie tylko ich tragedia zapełnia listę ofiar masowej eliminacji ludzi podczas drugiej wojny światowej. Z bezpośredniego rozkazu Stalina rękami żołnierzy Armii Czerwonej rozpoczęto w lutym 1940 roku przymusową deportację około 1,7 miliona polskich obywateli do obozów pracy, rozsianych na ogromnej przestrzeni, rozciągającej się od Kazachstanu, przez Syberię, aż po obszar arktycznej Rosji. Niemożliwe jest ustalenie liczby śmiertelnych ofiar, wiadomo jedynie, że przeżyło 250 tysięcy osób.

Wiem, że wśród deportowanych znajdował się mój (wówczas siedemnastoletni) ojciec oraz jego dwie młodsze siostry: Zofia (Zosia) oraz Maria Danuta (Danka). Miały – odpowiednio – czternaście i dwanaście lat, gdy wczesnym rankiem dziesiatego lutego 1940 roku wrzucono je do bydlęcych wagonów. Była z nimi również ich mama Janina (z domu Ciupka), która miała wtedy trzydzieści sześć lat. Jej mąż (mój dziadek), Władysław Stepek, uniknął wywózki czystym przypadkiem. We wrześniu 1939 roku został ostrzeżony, że Armia Czerwona zamierza go zaaresztować i zamordować, widząc w nim potencjalnego organizatora ruchu oporu. Uciekł wtedy i ukrywał się w części Polski okupowanej przez nazistów, ponieważ myślał, że jego bliscy będą bezpieczniejsi bez niego. Przebywał w małej wiosce o nazwie Haczów w czasie, gdy wywieziono jego rodzinę. Kontynuował tam swoją antyradziecką działalność, dopóki kłopoty zdrowotne nie pokrzyżowały jego planów. Zmarł na raka w 1943 roku, nigdy nie poznawszy dalszych losów swojej żony i dzieci.

Każde z trójki dzieci przetrwało zsyłkę do gułagu, obozu pracy położonego niedaleko wsi Charytonowo w obwodzie archangielskim Związku Radzieckiego. Sama podróż w bydlęcych wagonach do obozu zajęła trzy tygodnie. Brak zapasów wody i jedzenia spowodował, że najsłabsi nie przetrwali tego wysiłku. Przez cały okres zimy, która na Syberii trwa osiem miesięcy, cała rodzina pracowała w nadziei na wyzwolenie. Bez butów, niedożywieni...

Po ośmiu miesiącach wybawienie przyszło dzięki ironii losu. Decyzja Hitlera o ataku na Związek Radziecki oznaczała konieczność poboru przez Stalina jak największej liczby żołnierzy, zmuszając go do porozumienia z Churchillem i szefem polskiego rządu na uchodźstwie - gen. Sikorskim. Porozumienie dotyczyło m.in. uwolnienia Polaków, którzy znajdowali się w obozach pracy. Mieli oni wyruszyć do Kazachstanu, gdzie rekrutowano i szkolono wszystkich zdolnych do walki przeciwko Hitlerowi.

Rodzina Stepków opuściła gułag wczesną zimą 1941 roku, zmuszona przemierzyć niespełna pięć tysięcy kilometrów by dotrzeć do miejsc rekrutacji poborowych. Bez środków do życia i pomocy w znalezieniu celu swej tułaczki (bo na pewno nie była to podróż), Stepkowie przemierzyli łącznie prawie dziesięć tysięcy kilometrów. Kiedy uświadomili sobie, że zaszli za daleko na Wschód, zmuszeni byli zawracać. Po trzech miesiącach wiosną 1942 dotarli do celu, gdzie otrzymali pomoc i opiekę polskich oficerów i lekarzy. Stamtąd zostali ewakuowani ze Związku Radzieckiego na pokładzie statku płynącego przez Morze Kaspijskie do Persji, dzisiejszego Iranu. Wolność uzyskali latem 1942 roku.

Cała trójka, wówczas już w wieku 19, 16 i 14 lat, dołączyła do polskich sił zbrojnych. Dwójka starszych dzieci brała bezpośredni udział w działaniach wojennych. Najmłodsza, Danka, na początku 1943 została przeniesiona do Palestyny, gdzie wznowiła naukę. Wszyscy troje przeżyli wojnę i do 1947 osiedlili się w Wielkiej Brytanii. Powrót do Polski uważali za niemożliwy, skoro żołnierze Stalina okupowali już wtedy cały ich kraj, a wschodnia połowa terytorium Polski, gdzie się wychowali, została przyłączona do Związku Radzieckiego.

Ich mamie, a mojej babci, nie udało się przeżyć wojny. Umierała powoli, z głodu, wycieńczona, kończąc żywot 25 października 1942 roku – tuż po dotarciu do Teheranu, stolicy ówczesnej Persji, gdzie odzyskała wreszcie wolność. Tam też została pochowana. Miała zaledwie czterdzieści lat.

Niniejszy tomik wierszy nie jest próbą opowiedzenia tej historii, ani też rezultatem z góry zaplanowanej refleksji nad nią. Jest to raczej pewnego rodzaju kolaż, którego poszczególne części (mam nadzieję) oddają pełnię tamtych tragicznych i niezwykłych wydarzeń. Właśnie taką otwartą, „płynną" koncepcją pragnę skłonić czytelnika do głębszego odbioru napisanych przez mnie słów. Z rzadka starałem się dbać o „poetyckość" mojej twórczości, kierując się raczej zasadą – o ile wolno mi przytoczyć słowa wspaniałego Wilfreda Owena – „poezja tkwi we współczuciu".

Ten zbiór można zaliczyć do liryki, ale może też jawić się jako rezultat historycznych i osobistych poszukiwań. Chciałbym poprosić Czytelnika o zachowanie w pamięci rozległego kontekstu tematów poruszonych w tej poezji. Jestem głęboko świadomy, że mój daleki krewny, Czesław Stepek z Haczowa, zginął w Oświęcimiu oraz że Józef Ciupka (który zdaje się być bliskim mojej babce) był jedną z ofiar sowieckiego zbiorowego mordu na polskich oficerach i intelektualistach w lesie katyńskim.lipcu 2010 roku byłem w Polsce na wakacjach wraz z moją żoną i dwojgiem dzieci. Kuzyn mojego ojca, Marian, opowiedział mi wtedy o tym, jak jego najstarszy brat zginął od strzału w głowę w moskiewskim więzieniu. Czyli w obu gałęziach mojej rodziny – Stepków i Ciupków – wciąż żyją krewni, którzy w czasie nazistowskiej i sowieckiej inwazji na Polskę stracili tych, których najbardziej kochali. Niech moi polscy przodkowie oraz wszyscy, którzy ucierpieli w wyniku zbrodnii drugiej wojny światowej, spoczywają w pokoju. Obyśmy nigdy nie zapomnieli o nich, o ich cierpieniu i utraconych bliskich. Obyśmy również sumiennie pracowali nad wyplenieniem z naszej cywilizacji korzeni rasowej, narodowej i klasowej nienawiści, które przyczyniły się do ich śmierci.

Pokazując niebywałe i zdumiewające świadectwo ludzkiej zdolności do oporu w stosunku do zła, piszę tę przedmowę, podczas gdy mój ojciec i jego dwie młodsze siostry, a moje ciocie, nadal żyją – blisko siedemdziesiąt lat od czasu, gdy opisane tu wydarzenia miały miejsce. Mój ojciec Jan, został w latach siedemdziesiątych i osiemdziesiątych jednym z najbardziej znanych w Szkocji ludzi biznesu, a nazwisko naszej rodziny stało się marką znaną w wielu domach środkowej Szkocji. Wraz z moją mamą mieszka w Hamilton (znanym z klubu piłkarskiego o nazwie Hamilton Academical, który ocalił od upadłości). Ma teraz osiemdziesiąt osiem lat. Ciocia Danka mieszka około dwudziestu kilometrów dalej, w południowej części Glasgow. Kiedy miała piętnaście lat, zważono ją tuż po przyjeździe do Persji – waga zdumiła miejscowych lekarzy pokazując zaledwie 25 kg. Miała wówczas na sobie kompletny mundur wojskowy, co oznacza, że faktycznie musiała ważyć jeszcze mniej. Danka wraz z mężem Hubertem, również osiągnęła sukces w biznesie. Ma teraz osiemdziesiąt trzy lata i emanuje życiem.

Wreszcie moja ciocia Zosia, opuściła Persję w 1943 roku jako kwalifikowany tłumacz i nauczyciel języka angielskiego w egipskiej Aleksandrii. Pomagała polskim oficerom języka angielskiego w egipskiej Aleksandrii. Pomagała polskim oficerom rozmawiać na temat strategii z ich brytyjskimi i amerykańskimi odpowiednikami aż do końca wojny. Potem uczyła języka angielskiego w szkołach średnich w Londynie, gdzie nadal mieszka doczekawszy pięknego wieku osiemdziesięciu sześciu lat.

Tym samym okres, o którym jest mowa w tym utworze, pomimo dramatycznego i tragicznego wydźwięku, odnosi się zaledwie do krótkiej części ich wpaniałych życiorysów.

Mam nadzieję, że Czytelnik kończąc lekturę moich wierszy nie poczuje się obarczony ciężarem rozpaczy nad barbarzyństwem ludzkości, ale pozostanie z myślą, że możemy pokonać cierpienie i żyć pełnią życia, darząc miłością bliskie nam osoby. Jesteśmy to winni tym, którym udało się przetrwać, by żyć z pasją i radością. Ale także z poczuciem obowiązku zapobiegania wszelkim formom opresji.

A Note on the Translation Work

I owe a huge thanks to Kasia Kokowska for her skill and talent in translating the poems. Her contribution is especially invaluable as she committed to this task despite having many other responsibilities. Through observing Kasia's efforts and methods, I discovered a great deal about the complexities inherent in translating, especially poetry. This collaborative work has allowed me to see even more clearly the depth and warmth of the relationship between Scotland and Poland, and the opportunities - artistic, cultural, academic and trade - that can and should be fully developed.

I am grateful to the author Adam Miklasz and a group of his friends in Poland who did an earlier translation of the poems for a highly successful and moving bilingual reading of a selection of the poems at the Sikorski Polish Club in Glasgow on 23rd of October 2011. Their translations were edited by Marcin Zabielski in the lead up to the event. Adam also translated the preface and introduction in the final version of this volume.

Finally, to Anna Sikorska-Michalak, Krzysztof Michalak and Kuba Hiterski for consultations and proofreading the finished translations. To all these talented and gracious friends, and to their friends who helped at various stages of this challenging and tiring task, my grateful thanks. I hope you felt my poetry was worthy of the time and effort you made so that this volume would be available not only to English readers but also to Poles wherever they reside in the world.

Nota na temat prac nad przekładem

Jestem winien wiele słów wdzięczności Kasi Kokowskiej, za umiejętności i talent w tłumaczeniu wierszy. Jej wkład jest tym bardziej nieoceniony, że poświęciła czas temu zadaniu pomimo wielu innych obowiązków. Obserwując trud jak i metody jej pracy, dowiedziałem się sporo na temat zawiłości procesu tłumaczenia, szczególnie w przypadku poezji. Nasza współpraca pozwoliła mi jeszcze lepiej zobaczyć jak głębokie i ciepłe są relacje pomiędzy Szkocją i Polską, oraz odkryć możliwości – w sztuce, kulturze, nauce i handlu – które mogą i powinny zostać wykorzystane.

Muszę też podziękować Adamowi Miklaszowi oraz jego przyjaciołom z Polski, którzy byli autorami wczesnej wersji przekładu moich wierszy. Ich tłumaczenia przyczyniły się do bardzo udanego i wzruszającego odczytu mojej poezji w dwóch językach, który miał miejsce 23 października 2011 roku w Domu Polskim im. gen. Władysława Sikorskiego w Glasgow. Ostateczny kształt przekładu odczytanym tego wieczora był dziełem Marcina Zabielskiego. Adam przetłumaczył również Przedmowę oraz Wstęp, które są częścią ostatecznej wersji tego tomiku.

Na koniec, dziękuję Annie Sikorskiej-Michalak, Krzysztofowi Michalakowi oraz Kubie Hiterskiemu za konsultacje oraz korektę gotowego przekładu. Wszystkim tym utalentowanym i wspaniałym przyjaciołom oraz ich przyjaciołom, którzy pomagali na wielu etapach tego żmudnego i wymagającego wyzwania, dziękuję z całego serca. Mam nadzieję, że moje utwory były warte włożonego wysiłku i czasu poświęconego przez Was na ich tłumaczenie, przez co tomik ten może dotrzeć nie tylko do anglojęzycznych odbiorców, ale także do Polaków na całym świecie.

Introduction

I have always written, since I was a small boy in the 1960s, but I've never been interested in having any of my work published, except for on the very rare occasion when I would read of a competition and wonder what they'd think of my poems. Then in 2001 and later in 2006 two key events occurred; the former date led me indirectly to write the pieces which form this poetry cycle, and the latter led me to realise that there was a purpose, very different from egoism, to sharing my work.

My father, Jan Stepek, had three strokes in succession in 2001-2. I thought he wouldn't survive but should have known better. He is a fighter, a battler in everything he does. Until that time I hadn't given any thought to my father's early life in Poland. I knew he had been taken from Poland to Siberia by Stalin's Red Army, that his mother and two younger sisters were taken with him, and that his mother died and was buried in Teheran. My vague understanding was that she'd died of kidney failure. I had no knowledge of the underlying political and historical causes of such a traumatic experience. I knew Dad had served in the Polish Navy during the Second World War, so his deportation and subsequent escape from the gulag must have been some time between 1939 and 1945. That's all I knew, and frankly I didn't really care to know anything else. After all, in 2001 I was forty-two years old, our family business was in trouble, and I was a senior director. I was married with two young children, and had a plethora of personal interests of my own. In essence, I neglected my parents. It was the usual mistake we can all make – not seeing what matters until too late.

In that sense my father's misfortune was a blessing in disguise for me. It jolted me out of my self-absorbed state of mind. I realised how much I loved my father and

I felt suddenly a deep need to know what had happened to him before he came to Scotland. And I needed to know urgently because if he'd had three strokes in a row, a future one was likely and might finish him off. Therefore, when he had recovered sufficiently I went to him and asked him if I could formally interview him, and Mum, so that I could finally understand his pre-Scotland life story. He consented and we started a series of interviews which I supplemented with interviews of my two aunts, Danka, and more recently, Zosia. I pored through Polish history books of the era, and started exploring the internet for background and other information.

My lifelong personal impulse to write poems erupted as I talked to my father and aunts. Unbidden, deep personal emotional reflections on their suffering arose and formed into words, lines of words, and poem after poem. It was the closest I have ever come to feeling that I was truly just an inert conduit of messages and meanings. My role was just to move my hand over the laptop and wait till no more words came.

In early 2006 I came upon a research group online, called the Kresy-Siberia Group. Kresy was the name of the Polish eastern border area pre-war, where my father was raised. I was immediately taken by the emotional warmth and support this group offered each other. From far-flung corners of the globe they found each other as they, like me, tried to find more information about their families' deportations and experiences in Siberia and afterwards. Some survivors were members, as were some spouses of survivors, but most were children or grandchildren of the victims.

I think because of the immediate and sheer strength of shared feeling I felt in the group, I sent one of the poems I had written on the topic. It was Janina I Love You. I received a powerful and emotional response from members of the group. So I sent more and again a wave of emotional responses hit me. Each said something similar. My poems put into words very deep feelings they had felt but could not express. It was like a deep spiritual connection sent over the internet, a virtual union of feelings of grief, pride, love, loss.

From this I slowly overcame my innate love of my privacy and my reluctance to share what I had created. If even just one person could resonate with anything I wrote it was perverse to keep it tucked away on a laptop or a hard drive. So I have gradually increased my work publicly, doing occasional readings, talks and presentations, until I finally committed to the publication of this volume.

The Kresy-Siberia group were of immense practical help as well. From them I discovered that Stanford University in California hold the Hoover Archive of World War Two Polish documents. Apparently there are tens of thousands of documents. So, expecting nothing, for it was a needle in a haystack search, I emailed the university asking if they had any information on any of the five members of my father's family; the four mentioned above, who were deported, and my grandfather who had had to flee his home and then joined the resistance till his death from cancer in 1943. Three days later I received a reply from the university saying they had found documents from April 1942 hand written by each of my two aunts when they were sixteen and fourteen respectively. This was on their being received into the custody and care of Polish troops in Uzbekistan.

In the papers the two girls described how they were removed from their home, their captivity in a labour settlement, and the gruelling journey they made south on their release after eighteen months in the gulag. They wrote how they boiled grass to eat to stave off hunger and of the deep decline in their mother's health. It was heart-rending to read but an astonishing find after some sixty-eight years. I sent copies to both my aunts as well as taking one to my father and mother.

Two years later in 2008 I discovered, again from the Kresy-Siberia group, that the Military Archives in Warsaw hold many records relating to both World War One and Two. Again, thinking it a one in a million chance, I emailed the archive giving the names of the same five family members and waited.

I heard nothing for six months by which time I had totally forgotten I had sent the original email. Then I received a package from Warsaw. In it was a cover letter and seven photocopied pages of old typed and handwritten text, all in Polish of course. I neither speak nor read Polish but have Polish dictionaries, so at first I tried to decipher some of the key passages. To no avail. There were some words I knew because they were so close to English – Military, Government – those kinds of words. And all the pages related to my grandfather. I knew he had been in trouble with the military junta before the war and was threatened with imprisonment because of his opposition to their far-right and anti-Semitic utterings and policies. And most of the dates on the documents related to the period when the junta were at the peak of their oppression of dissidents and minority groups, i.e. 1936 and 1937, so I thought this might be the records of his political troubles. I took the documents to my father for translation and to my delight and astonishment discovered that the documents related to my grandfather receiving one of Poland's highest honours for his efforts in helping the country regain its long-lost independence in 1918. This was fantastic but something even more precious, much more precious, was in the papers: a full A4 sized page in my grandfather's own handwriting, summarising his military and revolutionary activities during World War One.

It contained details that neither my father nor his two sisters knew about him. Seventy-one years had passed since my grandfather wrote those words, and sixty-nine years since Dad and his sisters had seen their father. It was an astonishing find.

It has been a long personal journey to trace my father's family's odyssey, and my own heritage. These poems are a creative response both to the deep research I undertook to find out their stories, and to their pain, suffering, loss and resilience. I hope to follow up this poetry cycle soon with a historical recounting of the experiences of my father's family through this momentous period of history but in the meantime I offer this work in honour of their lives and in remembrance of my grandparents, two remarkable Polish patriots, who it is my great loss never to have known.

My Grandparents

Wladyslaw Stepek   Janina Stepek

WSTĘP

Pisaniem zajmowałem się niemal od zawsze, jeszcze w czasie, kiedy w latach sześćdziesiątych byłem małym chłopcem. Jednak nigdy nie byłem zainteresowany publikowaniem moich prac. Z jednym wyjątkiem – kiedy brałem udział w konkursach literackich, aby dowiedzieć się, z jakim odbiorem spotyka się moja twórczość.

W 2001, a następnie 2006 roku w moim życiu miały miejsce dwa kluczowe wydarzenia. Pierwsze pośrednio skłoniło mnie do napisania utworów, z których powstał ten tomik poetycki, podczas gdy drugie wydarzenie uświadomiło mi nieodpartą potrzebę, a nawet konieczność – podzielenia się swoimi pracami.

W 2001 i 2002 roku mój ojciec Jan Stepek trzykrotnie zmierzył się z wylewem. Nie spodziewałem się, że przeżyje. Widocznie wiedziałem o nim zbyt mało. Był bowiem wyjątkowo silnym człowiekiem, prawdziwym wojownikiem i to we wszystkim, co robił Do tego czasu jego wspomnienia z Polski niewiele mnie interesowały. Wiedziałem jedynie, że Armia Czerwona wywiozła go z Polski aż na Syberię. O tym, że wywieziono go wraz z matką i dwiema siostrami. O tym, że jego matka zmarła na niewydolność nerek i została pochowana w Teheranie. Historyczny oraz polityczny kontekst wydarzeń, które spowodowały tak traumatyczne w jego życiu wydarzenia był mi zupełnie obcy. Wiedziałem, że ojciec służył w Polskiej Marynarce Wojennej podczas drugiej wojny światowej, więc jego deportacja oraz późniejsza ucieczka z gułagu musiały mieć miejsce między 1939 a 1945 rokiem. Oto cała wiedza, którą posiadałem i, szczerze mówiąc, wcale nie miałem potrzeby, aby ją poszerzać. Nadszedł rok 2001, skończyłem wtedy czterdzieści dwa lata, kiedy nasz rodzinny interes, którego byłem jednym z dyrektorów, wpadł w tarapaty. Miałem żonę, dwójkę dzieci i głowę zaprzątnietą tysiącem własnych spraw. W efekcie-zaniedbywałem moich rodziców. To częsty błąd, który my wszyscy możemy mieć na sumieniu – nie doceniamy tego, co naprawdę ważne, dopóki nie jest już za późno.

Paradoksalnie, dramat mojego ojca był dla mnie szczęściem w nieszczęściu. Wstrząs spowodowany jego chorobą był tak silny, że przestałem wreszcie zajmować się tylko sobą. Zrozumiałem wreszcie, jak bardzo kocham tatę i nagle poczułem głęboką potrzebę poznania historii jego życia przed przyjazdem do Szkocji. Wiedziałem, że muszę poznać ją jak najprędzej. Wprawdzie ojciec przeżył trzy wylewy, lecz każdy następny mógł być tym ostatnim. Dlatego, kiedy jego stan zdrowia wystarczająco się polepszył, pewnego dnia przyszedłem do niego i spytałem wprost, czy nie ma nic przeciwko temu, abym przeprowadził z nim oraz mamą oficjalny wywiad. Tak, abym wreszcie dowiedział się o ich przedwojennych i wojennych losach. Wyraził zgodę, więc zaczęliśmy serię wywiadów, które uzupełniłem rozmowami z dwiema ciociami: Danką i, trochę później, z Zosią. Przewertowałem również wiele książek historycznych o Polsce z tamtych lat, wyszukałem sporo informacji w internecie, aby poznać i zrozumieć tło historyczne przeżyć moich bliskich.

Moja chęć pisania wierszy, którą od najmłodszych lat odkładałem na później, nasiliła się właśnie podczas serii rozmów z ojcem oraz ciociami. Historia ich cierpienia wprowadziła mnie w nastrój głębokiej refleksji, z której rodziły się słowa. Z tych słów rodziły się wersy, a z wersów wiersze - jeden po drugim. Pisałem wiedziony jakimś niewidzialnym impulsem wysyłającym treści, uczucia, wrażenia - nigdy wcześniej tego nie doznałem. Moja rola ograniczała się faktycznie do przebierania palcami po klawiaturze laptopa aż do chwili, gdy nie miałem już nic więcej do napisania.

Na początku 2006 roku udało mi się odnaleźć

w sieci grupę o nazwie Kresy-Siberia. Kresy, miejsce z którego pochodzi mój ojciec, to nazwa przedwojennych, wschodnich terenów Polski. Momentalnie zostałem zauroczony ciepłem i wsparciem, jakim obdarzają się członkowie grupy. Porozrzucani po wszystkich zakątkach świata odnajdują się nawzajem, aby – tak jak ja – dowiedzieć się czegoś więcej o swoich bliskich, wymienić informacje o wywózkach i późniejszych losach rodzin. W grupie są ci, którzy przeżyli Syberię i ich małżonkowie, lecz większość członków stanowią dzieci i wnukowie tych, którzy zginęli.

Podejrzewam, że to właśnie działając pod nagłym impulsem, wywołanym poczuciem bliskości w tej grupie, zdecydowałem się wysłać tam jeden z moich wierszy. Był to wiersz *Janina I Love You (pol. Janina kocham Cię)*. Jego odbiór wśród członków grupy był silny i jakże wzruszający. Ośmieliło mnie to do zaprezentowania im kilku kolejnych tekstów. Fala emocjonalnych odpowiedzi i ciepłych opinii była wręcz uderzająca. Wszyscy mieli podobne odczucia – w moich wierszach odnaleźli emocje, które sami odczuwali, lecz nie byli w stanie ich ubrać w słowa. To było bardzo silne duchowe przeżycie nawiązane za pomocą internetu, które dla mnie przypominało wirtualną wspólnotę uczuć – rozpaczy, dumy, miłości, utraty bliskiej osoby.

Odtąd wrodzone przywiązanie do prywatności i niechęć przed dzieleniem się pracami odeszły w kąt. Nawet jeśli moja poezja jest w stanie wzruszyć choć jedną osobę, byłoby niestosownością ukrywać ją w laptopie, czy też na twardym dysku. Stopniowo więc zapoznawałem czytelników z moimi pracami podczas okazjonalnych odczytów, spotkań i prezentacji, aż do momentu podjęcia decyzji o publikacji tego tomiku.

Współuczestniczenie w grupie Kresy-Siberia udzieliło mi też ogromnej pomocy o charakterze praktycznym. Dzięki niej dowiedziałem się, że kalifornijski uniwersytet Stanforda przechowuje w Archiwum Drugiej Wojny Światowej Instytutu Hoovera polskie akta i dokumenty. Uściślając – dziesiątki tysięcy dokumentów. Nie oczekiwałem zbyt wiele – świadomy, że szukam igły w stogu siana – wysłałem do uniwesystetu prośbę o znalezienie dokumentów dotyczących pięciorga członków rodziny mojego ojca. Oprócz wywiezionej z Polski czwórki, o której wspomniałem już wcześniej, chciałem się także dowiedzieć czegoś o moim dziadku, który zmuszony do ucieczki z rodzinnego domu walczył z okupantem. Zmarł na raka w 1943 roku. Trzy dni po moim emailu nadeszła odpowiedź z uniwersytetu o odnalezieniu dokumentów, ręcznie pisanych przez obie ciocie, (mające wówczas szesnaście i czternaście lat). Dokumenty te były datowane na kwiecień 1942 roku, czyli na czas, gdy ciocie znajdowały się pod opieką polskich oddziałów wojskowych w Uzbekistanie.

Na tych kartkach papieru dwie dziewczynki wspominały wywózkę z rodzinnego domu, niewolę w obozie pracy oraz morderczą podróż na południe, tuż po opuszczeniu gułagu, w którym spędziły osiemnaście miesięcy. Opisały, jak gotowały i jadły trawę, aby oszukać głód i jak martwiły się o poważnie podupadającą na zdrowiu matkę. Lektura była wstrząsająca, ale fakt odkrycia tych dokumentów po sześćdziesięciu ośmiu latach zdumiewał. Kopię dokumentów wysłałem do obu ciotek, jedną podarowałem również mamie i tacie.

Dwa lata później, w 2008 roku, znów dzięki pomocy grupy Kresy-Siberia, dowiedziałem się o Wojskowym Archiwum w Warszawie, przechowującym mnóstwo dokumentów, mających bezpośredni związek z wydarzeniami pierwszej oraz drugiej wojny światowej. Szansę na odnalezienie interesujących mnie dokumentów znów oceniałem jako jedną na milion, mimo to napisałem do owego archiwum, podając kilka nazwisk członków rodziny.

Minęło pół roku i zdążyłem już zapomnieć o wysłanym emailu, kiedy otrzymałem niespodziewanie przesyłkę z Warszawy. Zawierała oficjalny list oraz siedem stron fotokopii maszynopisu i ręcznie pisanych dokumentów. Oczywiście – wszystkie po polsku. Nie mówię ani nie piszę po polsku, miałem jednak polskie słowniki, z początku więc spróbowałem rozszyfrować kilka kluczowych zdań. Na próżno. Udało mi się rozpoznać jedynie kilka pojedynczych słówek, głównie przypominających znaczeniowo angielskie - choćby *military* i *government*. Okazało się, że wszystkie przesłane dokumenty dotyczyły mojego dziadka. Słyszałem wcześniej, że popadł on w niełaskę polskich władz przed drugą wojną światową oraz, że grożono mu więzieniem za sprzeciw wobec skrajnie prawicowej i antysemickiej polityki. Przysłane dokumenty datowane były w większości właśnie na rok 1936 i 1937 (uznawane za okres największej opresji rządów sanacyjnych wobec opozycjonistów i mniejszości narodowych). Przypuszczałem więc, że dokumenty potwierdzą problemy dziadka o podłożu politycznym. Poprosiłem więc mojego ojca o przetłumaczenie tych dokumentów i, ku mojemu zachwytowi oraz zdziwieniu odkryłem, że zawierają one informację o przyznaniu dziadkowi jednego z najważniejszych polskich odznaczeń państwowych. Otrzymał je za zasługi na rzecz odzyskania przez ojczyznę długo oczekiwanej niepodległości w 1918 roku. Była to wspaniała wiadomość, jednak w dokumentach znajdowało się jeszcze coś znacznie dla mnie cenniejszego cała strona w formacie A4 wypełniona pismem mojego dziadka, podsumowująca jego rewolucyjną i wojskową aktywność podczas pierwszej wojny światowej! Zawierała takie szczegóły, o których ani mój ojciec, ani obie ciocie nie miały pojęcia! Minęło siedemdziesiąt jeden lat, od czasu kiedy dziadek napisał te słowa i sześćdziesiąt dziewięć, od czasu kiedy mój tata wraz z siostrami po raz ostatni go widzieli. Zdumiewające odkrycie.

Była to bardzo długa, osobista podróż śladami rodzinnej odysei, mojego dziedzictwa. Wiersze stanowią „twórczą kontynuację" żmudnych poszukiwań na temat historii mojej rodziny, które przedsięwziąłem, jak również próbę oddania ich uczuć – bólu, poczucia straty, cierpienia. Chciałbym również po publikacji tego tomiku zaprezentować historyczną relację doświadczeń rodziny mojego ojca w czasie najważniejszych wydarzeń historycznych. W międzyczasie tą pracą chciałbym oddać hołd ich życiu oraz uczcić pamięć moich dziadków – dwojga wybitnych polskich patriotów, których – a stwierdzam to z przykrością i żalem – nigdy nie miałem okazji poznać.

Deportation of a family from their home by the Bolsheviks

Deportees from a Polish town are herded into cattle wagons by NKVD

Inmates are given delousing treatment and a bath

Inside the barracks of a northern Soviet labour camp

Levelling of land for Soviet military operations by gulag prisoners (lagiernikow) in northern Russia

Soviet officers doing a roll call of inmates at a Bolshevik holding prison in northern Russia

Loading timber on to barges in northern Russia

Recalcitrant workers are interrogated by the commander of a labour camp

Inmates of the labour camp queue for provisions

Polish deportees build a timber road over marshland

Ex-prisoners enjoying 'freedom' on a collective state farm in Uzbekistan

The 'freed' need to find food to supplement their meagre rations

For There is Hope

"Oh Poland
you are magnificent
even in your pain

May you ever be free from anguish now"
Adam Zegota wrote this
like a graffiti scrawl
on an inner mind wall

Adam
first-born
fallen from grace
aware of redemption
struggling
and fated to die

Zegota
Selflessness, the pinnacle of human goodness
to lay down one's life for a friend
more so for strangers, those fellow citizens whose culture
had been considered by some
unwanted
unwelcome

To rise above such deep mental formations
and see love
the need for love
that risked torture
slow death

and it comes to this;
we must love each other
with a power and strength
beyond measure

Bo jest nadzieja

„O, Polsko!
jesteś wspaniała
nawet w twym cierpieniu

Może kiedyś będziesz wreszcie wolna od boleści"
Adam Żegota
namazał to jak graffiti
na wewnętrznej ścianie swego umysłu

Adam
pierworodny
popadł w niełaskę
świadom odkupienia
zmagający się
skazany na śmierć

Żegota
Bezinteresowność, szczyt ludzkiej dobroci
to oddać życie za przyjaciela
tym bardziej za obcych, tych współobywateli, których kultura
przez niektórych była
niechciana
niepożądana

Wznieść się ponad głębokie mentalne podziały
i dojrzeć miłość
potrzebę miłości
ryzykując tortury
powolną śmierć

chodzi o to, że
musimy kochać się nawzajem
ze wszystkich sił
ponad wszelką miarę

beyond the belief of little people
like me
who read the word Zegota
and cry like a desperate mother
who sees another give milk
to her hungry infant
with gratitude, inexpressible
thanks
and a wish one day
to be like that
to act like that
to know that deep inside
is the potential
to have immeasurable love
for other living things
and give everything because you
are pure like that

Thus Adam Zegota
fallen, weak, selfish
knew perfectibility
sensed liberation
through the purity of real love
the aspiration to be not oneself
but all

......

Stories are caverns
it's easy to get lost
in the vast echoing tombs

but in the end
mother died

father died

ponad wiarę ludzi małych
jak ja
gdy czytam słowo Żegota
i płaczę, jak zdesperowana matka
która patrzy jak inna kobieta
karmi jej głodne niemowlę
płaczę z wdzięcznością, niewysłowioną
dzięki
pragnę któregoś dnia
być taki
tak postępować
wiedzieć, że w głębi duszy
jesteś zdolny
czuć niezmierzoną miłość
do żywych stworzeń
i oddać wszystko bo jesteś
tak czysty

Tak oto Adam Żegota
upadły, słaby, samolubny
poznał doskonałość
wyczuł wyzwolenie
przez czystość prawdziwej miłości
dążenie, żeby nie być sobą
ale wszystkimi

......

Opowieści są jak pieczary
łatwo się w nich zgubić
w niezmierzonych rozbrzmiewających echem grobowcach

ale w końcu
matka zmarła

ojciec zmarł

I know it now
it has a number
written in a letter
to me
by the Polish Consul in Teheran

a number and a row
in a named suburb

and a confirmation of the date of her death

No longer the unknown grave
No longer the unvisited grave
Red and white roses
were laid upon Janina's place of rest
on behalf of the children of her children

......

Three merge into one
Personal pain
my family's trauma in Siberia
and the suffering of all living things
in the tumultuous wrecking of our times

Let the one flow into the other
overlap
mix
seamlessly stream
and be as one

Not one
separate
but inter-twined
identical in the darkness of pain
perfect in their production of light and wisdom

teraz to wiem
to ma numer
na liście napisanym
do mnie
przez polskiego konsula w Teheranie

numer i rząd
na rozpoznanych przedmieściach

oraz potwierdzenie daty jej śmierci

Już nie anonimowy grób
Już nie nieodwiedzony grób
Czerwone i białe róże
Położone na miejscu spoczynku Janiny
W imieniu dzieci jej dzieci

......

Troje łączą w jedno
Własny ból
przeżycia mojej rodziny na Syberii
i cierpienie wszelkiego żywego stworzenia
w hałasie zniszczenia naszych czasów

Niech jedno wpływa do drugiego
Niech jedno nakłada się na drugie
Niech się mieszają
Nieprzerwanie płyną
Jak jedno

Nie jedno
osobne
lecz przeplecione
identyczne w mroku bólu
idealne w dziele tworzenia światła i mądrości

The confluence of three rivers
a trinity
in the flourish of loss and love

Invasion 17 September 1939

When Wladyslaw fled
the executioner's grasp
they came
and took Janina instead
threw her in a pit to endure her secret torture

Ten days later
black hair now grey
she was returned to her children
something inside her had died

She never spoke of those days
The children never asked.

The gentle Janina

Ethnic Cleansing 10 February 1940

One winter evening
the Red Army called a meeting
in Maczkowce
every family was to prepare a horse and cart
to be ready at dawn
to leave their farms
In the meantime they were to stay at home

The whole village had been slaving
for weeks
clearing trees

Jak zbieg trzech rzek
trójca
w meandrach straty i miłości

Inwazja 17 września 1939

Kiedy Władysław uciekł
Spod topora kata,
Oni przyszli
Zamiast niego zabrali Janinę
I wrzucili do lochu na potajemne tortury

Dziesięć dni później
gdy jej czarne włosy posiwiały
została zwrócona dzieciom
coś w niej umarło

Nigdy nie mówiła o tych dniach
Dzieci nigdy nie pytały

Łagodna Janina

Czystki etniczne 10 lutego 1940

Pewnego zimowego wieczoru,
Czerwonoarmiści zebrali ludzi
w Maczkowcach
każda rodzina miała przygotować konia i wóz
i być gotowa o świcie
by opuścić swe gospodarstwa
ale póki co mieli w nich pozostać

cała wioska musiała pracować
Tygodniami
przy wyrębie lasu jak niewolnicy

for the Soviet war effort

Sudden orders were nothing new
they had no alternative but to obey

At two in the morning
three Ukrainians invaded the Stepek home
the command came
'Dress, take your horse and cart
food for a few days
and go.'

Half asleep
Frightened and disorientated
the family did as they were told

Everyone in the settlement
was removed.

My father's family took
the savings they had
warm clothing
a sack of flour
some meat, bread, salt
blankets

and left their home forever.

Siberia – GULAG 10 March 1940 to 11 September 1941

In the pitch black
amidst the failure
the bleak desert
my own mind

by wspomóc sowiecki wysiłek wojenny

nagłe rozkazy nie były rzadkością
nie mieli innego wyboru tylko podporządkować się

o drugiej nad ranem
trzech Ukraińców wtargnęło do domu Stepków
padł rozkaz
„Ubierać się, wziąć konia i wóz,
jedzenie na parę dni
i w drogę!"

Zaspani
Przerażeni i oszołomieni
Zrobili jak im kazano

Wszyscy we wsi
zostali wysiedleni

Bliscy mojego ojca wzięli
wszystkie oszczędności
ciepłe ubrania
worek mąki,
trochę mięsa, chleba, soli
koce

i opuścili swój dom na zawsze.

Syberia – GUŁAG 10 marca 1940 do 11 września 1941

W nieprzeniknionych ciemnościach
Wśród klęski
Posępna pustynia
Mojego własnego umysłu

When no-one wants you...

Don't give up
for there is a flame
in the barbed wire

Though I thought this
only happened to others
the night came and I drowned
in a lake of pain

When no-one wants you...

Don't give up
for there is light
in the barbed wire

Trying to settle into my fear
remembering my lovely children
cannot reach and touch them
in this wall of walls

When no-one wants you...

Don't give up
for there is a candle
in the barbed wire

When Janina fell
for the first time
ill and weak
Mother Mary please

When no-one wants you...

Don't give up

Gdy nikt cię nie chce...

Nie poddawaj się
bo drga płomień
poza drutem kolczastym

Choć myślałem, że to
tylko innym się przydarza
przyszła noc i utonąłem
w jeziorze bólu

Gdy nikt cię nie chce...

Nie poddawaj się
bo jest światło
poza drutem kolczastym

Próbuję poskromić mój strach
wspominając moje kochane dzieci
nie mogę wyciągnąć rąk i ich dotknąć
zza tego muru nad mury

Gdy nikt cię nie chce...

Nie poddawaj się
bo pali się świeca
poza drutem kolczastym

Gdy Janina upadła
po raz pierwszy
chora i słaba
Maryjo, Matko, proszę

Gdy nikt cię nie chce...

Nie poddawaj się

for there is hope
in the barbed wire

When Solzhenitsyn crumbled
in New Jerusalem
something grew in its place
derived from desolation

When no-one wants you…

Don't give up
for there is love
in the barbed wire

When my father holds
his head in his teenage hands
his young sisters around him
in the gnawing gulag

When no-one wants you…

Don't give up
for there is a precious candle
shining like God in this barbed wire.

……

When the warm snow fell we all wept
White like tiny angels floating down to us
kissing our eyes
melting on our cheeks and slowly trickling down our faces
Little tears on our soft white skin

Snow is always warm to the dead
Our souls rose as one to meet the loving clouds
and thaw

bo jest nadzieja
poza drutem kolczastym

Gdy Sołżenicyn upadł
W Nowym Jeruzalem
coś wyrosło w tym miejscu
wywiodło się z pustki

Gdy nikt cię nie chce…

Nie poddawaj się
bo jest miłość
poza drutem kolczastym

Gdy mój ojciec trzyma
głowę w swych nastoletnich dłoniach
jego młodsze siostry dookoła
w gryzącym gułagu

Gdy nikt cię nie chce…

Nie poddawaj się
bo jest drogocenna świeca
tli się jak Bóg w tym drucie kolczastym

......

Gdy spadł ciepły śnieg wszyscy płakaliśmy
biały jak spadające powoli aniołki całując nasze powieki
stopiły się i powoli spłynęły po naszych policzkach
drobne łzy
na naszej miękkiej białej skórze

Dla zmarłych śnieg jest zawsze ciepły
Nasze dusze wzniosły się razem ku czułym chmurom i
nadeszła odwilż

In the gulag grime
plagued with rats and thieves
a man was born of another man
Granite

In the sleaze and greed
infected with rats and thieves
in the victorious West
a pillar rises soft as cotton
Iron

In the ebb and flow
waves of ignorance
through history
something great arises
Diamond

the rebirth of wisdom
another chance
to listen and see love.

......

Anna Akhmatova I cry for you
whose words emblazon pain in my heart
whose love and life decry our efforts
who survived the years of wanton abuse

Anna Gorenko who could not even use your name
I say it loudly now, though there's no-one to hear it
whose wild utterances of Russia's pain
weaved their way through locks and chains

Anna, dear Anna, your crushed red heart
bled proudly in secret conspiracy

W plugastwie gułagu
nękanym przez szczury i złodziei
człowiek narodził się z drugiego
Granitowy

W zepsuciu i chciwości
skażonych przez szczury i złodziei
na zwycięskim Zachodzie
Wznosi się filar miękki jak bawełna
Z żelaza

W przypływach i odpływach
fal niewiedzy
przez historię
coś wielkiego powstaje
Diament

odrodzenie mądrości
kolejna szansa
by słyszeć i widzieć miłość

......

Anno Achmatowa, wołam do Ciebie
twoje słowa kreślą ból w moim sercu
twoja miłość i twoje życie pomniejszają nasze starania
przetrwałaś lata bezsensownej udręki

Anno Gorenko, nie mogłaś nawet używać własnego imienia
wymawiam je teraz głośno, choć nikt nie słyszy
twój dziki wyraz bólu Rosji
kluczył wśród rygli i łańcuchów

Anno, droga Anno, twoje złamane szkarłatne serce
Dumnie krwawiło w sekretnej zmowie

to let the world know how dark is the dawn
But we are illiterate here, we do not read you

Anna Akhmatova Russia's finest flower
blooming brightly in tired clothes with haggard face
fighting demons in your mind, in your bed, in your land
who conquered all through suffering
thank you for your world.
......

Solzhenitsyn Homage

May the grass grow round your toes old man
May the gnarled oak live for ever
May I listen and learn at your feet
And pay homage

May the soul in exile come home
May the long flight end in rest
May the night pass and dawn come
As I pay homage

May the brave words etched in secret
May the blossom grown from molten pitch
May the spirit that soared from vast wasteland
Accept this homage

May the pains heal and the scars fade
May the frown fall and be replaced with smiles
May your days with us be long old man
We pay homage
......

Summer 1941

Each day

by świat dowiedział się jak czarny jest świt
ale tutaj my, analfabeci, nie umiemy cię odczytać

Anno Achmatowa najpiękniejszy kwiecie Rosji
kwitniesz w sfatygowanym ubraniu, twe mizerne oblicze
walczysz z demonami w twojej głowie, twoim łóżku, na
twojej ziemi: ty, która zdobywasz wszystko cierpieniem,
dziękuję ci za twój świat.
......

Hołd dla Sołżenicyna

Niech trawa rośnie wokół twych stóp, Stary
Niech sękaty dąb rośnie wiecznie
Chcę słuchać i uczyć się u twych stóp
I składać hołd.

Niech wygnana dusza powraca do domu
Niech ucieczka zakończy się ukojeniem
Niech po nocy nastąpi poranek
Gdy składam hołd.

Niech odważne słowa wyryte w sekrecie
Niech kwiat, który wyrósł w płynnej smole
Niech duch, który wzbił się ponad jałową ziemię
Przyjmą ten hołd.

Niech ból ustąpi, a blizny zbledną
Niech uśmiechy zastąpią marsy
Niech twe dni z nami trwają jak najdłużej, Stary
Składamy hołd.
......

Lato 1941r

Każdego dnia

after the first shift
making stools for the Soviets
my father pushed timber into the Severnaja Dvina
that flows from Kotlas to Archangel
at the Arctic Circle

The famous white nights
when no dusk came, no rest
for the ethnically cleansed
who lived three families to a room
in the anonymous gulag

Working round the clock
they piled logs on top of each other
at the river's edge
Retaining supports removed
the logs toppled into the current
for the long float downstream…

The local people said
'Here you came and here you stay.'
My father always answered
'We will be leaving.'

Like the logs he would
float downstream
carried by history's current
......

Somewhere in the Siberian Taigus
is a small hillock
surrounded by a vast flat bog

Thousands of Ukrainian men
were deported to this cold place in the 1930s
and forced to build barracks

po pierwszej zmianie
przy produkcji stołków dla Sowietów
mój ojciec spławiał drewno Dwiną
która płynie z Kotłasu do Archangielska
przy kole podbiegunowym

Słynne białe noce
gdy nie nadchodził zmierzch, bez odpoczynku
dla prześladowanych za pochodzenie
mieszkających po trzy rodziny w pokoju
w nieznanym gułagu

Pracowali na okrągło
układając kłody jedną na drugiej
na brzegu
Gdy wyciągali podparcia
kłody wpadały w nurt
i spływały w dół rzeki

Miejscowi mówili
„Tu przybyłeś i tu zostaniesz."
Mój ojciec zawsze odpowiadał
„Wkrótce odejdziemy."

Jak pnie, odpłyniemy
w dół rzeki
niesieni nurtem historii
......

Gdzieś w syberyjskiej tajdze
jest mały pagórek
otoczony zewsząd płaskim mokradłem

Tysiące ukraińskich mężczyzn
deportowano do tego zimnego miejsca w latach trzydziestych
kazano im wybudować baraki

for shelter in the virgin snow

One day around a thousand men
were herded to the top of this hillock at night
so the guards could watch over them
by fires lit at the base of the hill.

The air was bitter, biting
and the snow fell thick and fast

The following morning there was no movement
at the top of the hill
The guards were mystified at the Ukrainians' escape

Years later there was a rare thaw
when spring came early and the snow melted
But the hilltop remained white
with the bones of the dead
......

"Where is God
in this desolate snow
with the frozen ground
rotting my bare feet?

This ragged coat I wrap tightly round
my emaciated frame
No longer a body
No longer a vehicle for what was once human
only a moving carcass

The dimmest flicker of life
scarcely burns
No warmth emanates
this fragile flame
wrapped in rags

schronienie w dziewiczym śniegu

Pewnego dnia około tysiąca mężczyzn
zapędzono nocą na szczyt pagórka
żeby strażnicy mogli ich pilnować
w świetle ognisk rozpalonych u stóp wzgórza.

W powietrzu czuć było szczypiący mróz
i szybko spadł gruby śnieg

Następnego poranka nikt się już nie poruszał
na szczycie wzgórza.
Ucieczka Ukraińców wprawiła strażników w osłupienie

Wiele lat później nadeszła niespodziewana odwilż
wiosna przyszła wcześnie i śnieg stopniał
Lecz wzgórze pozostało białe,
bielało kośćmi zmarłych.
......

"Gdzie jest Bóg
w tym bezludnym śniegu
gdy lodowata ziemia
sprawia, że gniją mi stopy?

"Owijam szczelnie tym wystrzępionym płaszczem
swój wynędzniały szkielet.
Już nie ciało
Nie wehikuł dla tego, co kiedyś było człowiekiem
teraz już tylko poruszające się truchło.

Niewyraźna iskra życia.
Ledwo mruga
Nie daje ciepła
ten wątły płomień
zawinięty w szmaty.

Surely these murderous winds and snow
will extinguish me."

My father in Siberia
the flame that stayed alive

fight the dying of the light
in these warm Scottish fields
aglow with bluebells

Odyssey to Freedom: October 1941 to January 1942

Another mother died last night
in the cold
God it was bitter
like every night for months

My two sisters didn't know
That is, they knew but
these things happen so often
One less person to think about
Now I can work a bit longer
if I have the strength.
We thought about eating her
but we haven't sunk that low
Leave it to the Russians
They've starved so much longer than us
We'll stick to our haute cuisine of rats

So another mother is gone, like the father before her
Me and my two sisters
Teenagers

Is it possible
we are so young?

Z pewnością te mordercze wichury i śnieg
w końcu mnie zgaszą."

Mój ojciec na Syberii
płomień który nie zgasł

walcz z gasnącym światłem
na tych ciepłych szkockich łąkach
promieniejących dzwonkami

Odyseja do wolności: październik 1941 – styczeń 1942

Wczoraj w nocy umarła jeszcze jedna matka
na zimnie
Boże, to takie gorzkie
tak każdej nocy od miesięcy

Moje siostry nie wiedziały
To znaczy, wiedziały, ale
te rzeczy zdarzają się tak często
Jedna osoba mniej
Teraz mogę pracować trochę dłużej
jeśli wystarczy mi sił
Myśleliśmy, żeby ją zjeść
ale nie upadliśmy jeszcze tak nisko
Zostawmy to Rosjanom
Głodują dłużej niż my
Pozostańmy przy wykwintnych daniach ze szczurów

Więc kolejna matka odeszła, jak ojciec przed nią
Ja i moje dwie siostry
Nastoletni

Czy to możliwe
że jesteśmy tak młodzi?

Like every night for months
God it was bitter

In the cold
a mother died

We dug a low ditch and covered her up
......

When my father and my aunts begged 'Please'
unknown Muslims gave them bread
for a thousand miles
......

I guess it had a name
Maybe not
In wartime affection is scarce

Was it a dog or bitch?
Which sex is the more aggressive?
That'd be a clue

Where was the guard, its owner?
Sleeping inside away from the heat
or the mosquitoes?

And what happened to him
after? Was he shot
because of my father's crime?

Warfare is harsh
The guard punished
The dog sacrificed

My father, then nineteen
stabbed it with a long knife

Jak każdej nocy już od miesięcy,
Boże, jakie to gorzkie

Na zimnie
Umarła matka

Położyliśmy ją w płytkim grobie i przykryliśmy
......

Gdy mój ojciec i moje ciotki błagały „Proszę!"
Nieznani Muzułmanie dali im chleb
Na tysiące mil.
......

Przypuszczam, że to miało jakąś nazwę
A może nie
W czasie wojny uczucia są rzadkością

Czy to pies czy suka?
Która płeć jest bardziej agresywna?
Może to byłaby jakaś wskazówka.

Gdzie był strażnik, gdzie właściciel
Czy spał z dala od upału
Albo komarów?

I co się z nim stało
później? Czy został zastrzelony
z powodu zbrodni mojego ojca?

Czas wojny jest brutalny
Strażnik ukarany
Pies poświęcony

Mój ojciec, lat dziewiętnaście
Dźgnął psa długim nożem

and slit its throat

so that it wouldn't howl

Slit its throat
untied its leash
dragged its warm body away

to where his mother
and two sisters sat
waiting for redemption

Did they have a fire?
Were they too impatient?
How does one begin

to eat a dog
when one hasn't eaten for a week?
Someone must have skinned it
roasted it quickly
gobbled down its once live form

Or ripped its muscles with sharp teeth
devoured the blood and sinews raw

The sacrifice complete
dog, guard, mother, children
Poland and Russia lay
bleeding on the altar
......

The Clearances

We are weary already
and the walking has barely begun today
When sails the ship to Nova Scotia?

I poderżnął mu gardło.

Żeby nie wył

Poderżnął mu gardło
Odwiązał smycz
Zawlókł jego ciepłe ciało

Tam gdzie jego matka
I dwie siostry siedziały
Czekając na zbawienie

Czy mieli ogień?
Czy byli zbyt niecierpliwi?
Jak się zaczyna

jeść psa
kiedy się nie jadło od tygodnia?
Ktoś musiał go oskórować
szybko upiec
pożreć jego niegdyś żywe truchło

Albo rozerwać jego mięśnie ostrymi zębami
pochłonąć krew i ścięgna na surowo

Ofiara spełniona
pies, strażnik, matka, dzieci
Polska i Rosja leżą
krwawiąc na ołtarzu
......

Czystki

„Jesteśmy już utrudzeni,
choć ledwie wyruszyliśmy
Kiedy wypłynie statek do Nowej Szkocji?

and the glens are far behind
and our sheep and homes lost forever
Whither Sutherland now?
Those days tending the cattle by the loch side
easy days in a hard hard life
A city now. Is it Glasgow?
The Clyde!

My little bairns, how can I cope with them?
Angus seeks work in the city.
We have heard nothing from him for weeks now
he may think us dead
and I fear for him
Men are so tough on the outside
heroes
in the pointless excursions against the French
in the Highland Regiments.
But when it comes to the practicalities of survival
they melt like snow
in the spring of Glen Carron
causing rivers to flow, ready to swim in
when summer comes
The death threats, the violent abuse
in foreign tongues
I feel bewildered, grey-haired despite my meagre
thirty-six years
I am lost my love, lost in spirit
unsure of my status
Whether I am alive or dead

......

How long shall this train journey last?
Look at the poor children desperate for air
taking turns at breathing through the window
of the cattle truck
the littlest ones standing on the dead

doliny są daleko za nami
nasze owce i domy stracone na zawsze
Gdzież Sutherland,
Te dni, gdy pasiemy bydło nad jeziorem?
Lekkie dni ciężkiego życia.
Teraz miasto. Czy to Glasgow?
Rzeka Clyde!

Moje dzieciaki, jak mam sobie z nimi poradzić?
Angus szuka pracy w mieście
Od tygodni nie dał znaku życia
Może myśli, że nie żyjemy
boję się o niego
Mężczyźni sprawiają wrażenie takich twardych
bohaterowie
niepotrzebnej wyprawy przeciw Francuzom
w Regimencie Górali Szkockich
Kiedy jednak przychodzi do praktyki walki o przetrwanie
Topią się jak śnieg
Wiosną w Glen Carron
sprawiając, że rzeki toczą wody, w których można
pływać, gdy nadejdzie lato
Groźby śmierci, brutalna poniewierka
w obcych językach
Jestem oszołomiony, posiwiały, choć mam ledwie
trzydzieści sześć lat
Jestem zagubiony, kochanie, mój duch zagubiony
niepewny swego stanu
żywy czy martwy
......

Jak długo będzie jechał ten pociąg
Spójrz, te biedne dzieci potrzebują powietrza
Po kolei wdychają je przez okno
bydlęcego wagonu
Najmniejsze stają na trupach

to get high enough

Whither Maczkowce and the orchards
where Jan and Danka would play
while Zosia read her books inside?

A city now. Is it Kotlas?
The Dvina!
My children, how can I cope with them
when Wladyslaw has fled to Haczow
we have heard nothing from him for weeks now
He may think us dead
and I fear for him
Men are so tough on the outside,
heroes
of the war for independence against the Austrians
in Galicia.
But when it comes to the practicalities of survival
they melt like snow
off the rolling hills of the Ukraine
causing rivers to flow, ready to swim in
when summer comes
The death threats, the violent abuse
in foreign tongues
I feel bewildered, grey-haired despite my meagre
thirty-six years
I am lost my love, lost in spirit
marching the same killing routes
of our forefathers,
unsure of my status
whether I am alive or dead
my mind and body scattered through time and continents

And as I look up from this rough path
I see millions of others
the Exodus from Egypt in ancient times

żeby dosięgnąć

Gdzież Maczkowce i sady
tam Jan i Danka bawiliby się
a Zosia czytałaby książki

Teraz miasto. Czy to Kotłas?
Dwina!
Moje dzieci, jak mam sobie z nimi poradzić
kiedy Władysław uciekł z Haczowa
i od tygodni nie dał znaku życia
pewnie myśli, że nie żyjemy
i boję się o niego
Mężczyźni sprawiają wrażenie takich twardych
bohaterowie
wojny o niepodległość przeciwko Austrii
w Galicji
ale kiedy przychodzi do praktyki przetrwania
topią się jak śnieg
na pofałdowanych wzgórzach Ukrainy
sprawiają, że rzeki toczą wody, w których można się
kąpać, gdy nadejdzie lato
Groźby śmierci, brutalna poniewierka
w obcych językach
Jestem oszołomiony, posiwiały choć mam ledwie
trzydzieści sześć lat
Jestem zagubiony, kochanie, mój duch zagubiony
maszeruję drogami zagłady
naszych przodków,
niepewny swego stanu
żywy czy martwy
mój umysł i moje ciało rozrzucone w czasie i przestrzeni

i kiedy spojrzę w górę z tej wyboistej ścieżki
widzę miliony
Exodus ze starożytnego Egiptu

the victims in Darfur trailing the Sudan
a catalogue of crimes
in every direction on this long march
even children yet to be born
trudge through an ethereal world
for their time is not yet come
a flow of suffering too hard to bear
the bodies float on every river in this world
to the invisible mass grave on the oceans' floor

Kazakhstan and Uzbekistan: February to April 1942

'Go
Whatever happens to us happens
You must go'

My father left his mother
to walk the hot Kazak scrub
seeking the Polish army
that, rumour had it,
was gathering to the west
while Zosia and Danka
tended Janina
in the desperate hope that
she would survive
these last few weeks before
the troops came to take them to freedom

'Whatever happens to us happens'
Last words of farewell
from a mother to her son
......

Outside the camp
groups of Polish children turned up
begging for bread

ofiary z Darfuru wlokące się przez Sudan
katalog zbrodni
w każdym kierunku podczas tego marszu
nawet nienarodzone dzieci
stąpają przez ten ulotny świat
ich czas jeszcze nie nadszedł
wylew cierpienia zbyt trudny by go znieść
ciała unoszą się na wodach każdej rzeki świata
do niewidzialnego masowego grobowca na dnie oceanów

Kazachstan i Uzbekistan: luty do kwietnia 1942

„Idź.
Cokolwiek z nami się stanie, stanie się.
Musisz iść"

Mój ojciec opuścił swą matkę
aby przejść przez gorące kazachskie stepy
szukać polskiej armii
plotka niosła
że gromadzi się na zachodzie
Zosia i Danka
zajmowały się Janiną
w desperackiej nadziei
że przetrwa
te ostatnie kilka tygodni zanim
pojawili się żołnierze by zabrać je ku wolności

"Cokolwiek z nami się stanie, stanie się"
Ostatnie słowa pożegnania
Matki do syna
......

Za płotem obozu
zjawiła się grupa polskich dzieci
błagały o chleb

The girls in the camp
divided their rations
to feed the starving boys and girls

Part of the daily rations
was a cube of pressed dates
Zosia would shave of a tiny sliver .
for herself
and give the rest to the youngest boy
outside the camp.

She hoped that God, watching
would notice her sacrifice
and arrange things so that
an angel
would give similarly to her mother
Before Janina died in Persia
she told Zosia
of the kindness of strangers

God is in all of us
sometimes he lets his beauty shine
through acts of loving kindness
......

Zosia relates the tale
of Janka
whom she met
in a Polish camp in Uzbekistan

Zosia
fretful with worry
that her mother
she had left in the hands of strangers
Mother Janina
fading

Dziewczynki z obozu
oddały część swoich porcji
żeby nakarmić głodujących chłopców i dziewczynki

W codziennej racji żywnościowej
była kostka prasowanego daktyla
Zosia odłupała mały skrawek
dla siebie
a resztę dała najmłodszemu chłopcu
spoza obozu.

Miała nadzieję że Bóg, patrzy
zapamięta jej poświęcenie
i wyśle
anioła
który zrobi to samo dla jej matki
Zanim Janina zmarła w Persji
powiedziała Zosi
o dobroci obcych ludzi

Bóg jest w nas wszystkich
czasami pozwala swemu pięknu lśnić
w aktach miłosierdzia
......

Zosia snuje opowieść
o Jance
którą spotkała
w polskim obozie w Uzbekistanie

Zosia
niespokojna
że jej matka
którą zostawiła w rękach obcych
Matka Janina
gasnąca

might die
Zosia praying to God
to keep Janina in his embrace
met Janka
tall, eyes that knew life

Janka
when the spoonful of sugar
and small chunk of bread
was given
with the pea soup
their food for the whole day
would divide her bread
into two equal halves
and dry one half for later
Starving Zosia
asked in disbelief
how Janka could be so
self-controlled
how she could abstain from eating every last crumb
in a flash of need, of desperation
Janka replied
'I dry the bread so that
if I get the chance
I can send it to my mother
she is in the next village
suffering hunger'

Zosia fell ill
and was taken to the mud hut hospital
when she returned
Janka was gone
dead from starvation

Zosia doesn't know if Janka's mother
received the bread

mogła umrzeć
Zosia modliła się do Boga
żeby otoczył Janinę swoją opieką
spotkała Jankę
wysoką, o oczach, które znają życie

Janka
kiedy im dawano
łyżkę cukru
i mały kawałek chleba
z zupą groszkową
ich całodzienny posiłek
dzieliła swój chleb
na dwie połówki
i suszyła jedną na potem
wygłodzona Zosia
pytała nieufnie
jak Janka mogła być tak
zdyscyplinowana
jak mogła powstrzymywać się od zjedzenia ostatniego okrucha
W chwili potrzeby, desperacji
Janka odpowiedziała
„Suszę chleb, żeby
jeśli będę mieć szansę
przesłać go mojej matce
jest w sąsiedniej wiosce
i cierpi z głodu"

Zosia zachorowała
i została zabrana do szpitala w lepiance
kiedy wróciła
Janki nie było
umarła z głodu.

Zosia nie wie, czy matka Janki
otrzymała chleb

the bread of life
sacrificed by a daughter
for her mother
just as Zosia had shared
her meagre rations
with Janina

The truest testimony of love
is the miracle of breaking bread
the sacrament of holy communion
......

In the mud hut hospital
a little girl gasped for air
suffocating

Zosia pushed her way
through the mass of sick bodies
lying on the floor
to reach the stricken child
She lifted the little girl's head
soothed her fears

Comforted
quietened down
she died
on Zosia's shoulder
......

Zosia recovered
learned mathematics
from Mrs. Koscialowska
under a shaded tree

Without text books
paper

chleb życia
poświęcony przez córkę
dla matki
tak jak Zosia dzieliła
swoje nędzne porcje
z Janiną

Najprawdziwsze świadectwo miłości
to cud dzielonego chleba
sakrament komunii świętej
......

W szpitalu-lepiance
dziewczynka z trudem łapała powietrze
dusiła się

Zosia przepchnęła się do przodu
przez masę chorych ciał
leżących na podłodze
żeby dosięgnąć chorego dziecka
Podniosła głowę dziewczynki
ukoiła jej strach

Pocieszyła
uciszyła
dziewczynka umarła
w ramionach Zosi
......

Zosia wydobrzała
uczyła się matematyki
od Pani Kościałowskiej
pod osłoną drzewa

Bez podręczników
papieru

pencils
the girls learned

Learned
the stability of numbers
the constancy of mathematics

stability and constancy
grew in the hungry children
......

Persia

When the ship
which carried Danka and Zosia
arrived
Danka was unable to stand
A soldier lifted her tiny frame
a fifteen year old girl
weighing under four stone
and carried her down
in his caressing arms
to the free shores
of Pahlevi
where the dead hand of
Soviet suffocation
gave way to the cleansing
love of Persia
......

I lay down on the shores of Pahlevi and wept
My body could not stop shaking from the dysentery
My emaciated frame of bones hugged the sand
in gratitude
as my frail loose skin blew in the sea breeze
and the salt water covered my filthy remains

ołówków
uczyły się dziewczynki

Uczyły się
stałości liczb
niezmienności matematyki

stałość i niezmienność
rosły w duszach głodnych dzieci
......

Persja

Gdy statek
Który niósł Dankę i Zosię
Przybił do brzegu
Danka nie mogła stanąć
żołnierz uniósł jej drobne ciało
piętnastoletnia dziewczyna
ważyła niewiele ponad dwadzieścia pięć kilo
zniósł ja na dół
w opiekuńczych ramionach
do wolnych brzegów
Pahlevi
gdzie martwa dłoń
sowieckiej duszności
ustąpiła oczyszczającej
miłości Persji
......

Na brzegach Pahlevi położyłam się, aby płakać
Moje ciało nie mogło przestać się trząść w dyzenterii
Mój wychudły szkielet z wdzięczności wtulił się
w piasek
a moja obwisła skóra falowała w morskiej bryzie
słona woda omywała moje brudne szczątki

How I shuddered with convulsive tears
and delight at the gentle warmth of the sun
and the coolness of the sea and the wind
and I didn't care if I lived or died
I was so happy
to be free from Stalin's reach

Free to die free, at last
if not to survive
as if that were possible
but no, to die was enough
free, in the caring hands
of the British, the Persians

How I'm crying again –
the Polish soldiers,
my own people

look at them, proud in uniform
healthy, skin tight
and love on their faces
as they help me up

I'm sorry I am crying so much
to see them so well
who only weeks before
had been, like me, rags and bones

fit for the grave

and yet, look, they positively shine health
Perhaps
it may be too much
I may die
of hope
that I might yet live

Och, jak trząsłam się od spazmów płaczu
I rozkoszy delikatnego ciepła słońca
chłodu morza i wiatru
nie obchodziło mnie żyję czy umarłam
Byłam tak szczęśliwa
poza zasięgiem uścisku Stalina

Wolno mi umrzeć wolną, nareszcie
Jeżeli nie przeżyć
Jak gdyby to było możliwe
Ale nie, umrzeć wystarczy,
Wolnym, w opiekuńczych rękach
Brytyjczyków, Persów.

Ach – znów zanoszę się płaczem –
Polscy żołnierze,
Mój własny lud

spójrz na nich dumnych w mundurach
pełni zdrowia, skóra napięta
miłość na ich twarzach
kiedy mi pomagają

Przepraszam, że tak dużo płaczę
widząc ich w tak świetnym stanie
przecież jeszcze parę tygodni temu
byli tak jak ja kupą szmat i kości

nadawali się tylko do grobu

a jednak, spójrz, tryskają zdrowiem
Być może
to zbyt wiele
mogę umrzeć
z nadziei
że dane mi będzie przeżyć

That I might live
and feel again
Look at me
I'm in a state

The irony
For days I had no water
now it's pouring out my eyes

Orange juice!
the British are bringing me orange juice
on a tray my God, a tray

I haven't seen a tray for...
for, I don't know the years any more
since Poland, since home
since mama and papa

oh mama...

......

Look, on the shores of Pahlevi
a mass of flotsam and jetsam
the usual dregs of rags and
tossed away shoes
sticks and old bags
bottles and cans

Strewn amongst them
bones with skin on
crying on the beach
flat out, lying flat
as drawings of corpses

Że być może przeżyję
i znów poczuję
Spójrz na mnie
w jakim jestem stanie

Ironia
przez tyle dni nie miałam wody
a teraz płynie z moich oczu

Sok pomarańczowy!
Brytyjczycy przynoszą sok pomarańczowy
na tacy, mój Boże, na tacy.

Nie widziałam tacy od
nie wiem, ilu już lat
od Polski, od domu
od mamy i taty

och, mamo...

......

Spójrz na brzegach Pahlevi
masa przypływów i odpływów
typowy osad z łachmanów i
wyrzuconych butów
lasek i starych toreb
butelek i puszek

Rzucone pomiędzy nimi
kości obciągnięte skórą
płaczące na plaży
wprost, leżą na płasko
jak rysunek trupa

Living, dying
crying, broken
mending, healing
dying, dead
shipwrecked, heart-wrecked
far-flung

Fatherless
Childless

Sea water soothing their
scarred lice-ridden forms
Beggars in a strange land

beggaring the belief
of Persian women
Indian doctors
and the Pakistani nurses
who separated the dead from the living

Wave upon wave
flows in

Agony pours into Persia
the Caspian Sea awash with emotion

A voice trails off
'Free from Russia'
and dies amidst the
hush of the waves

Amidst the sigh of
the sea
I call her name *Janina*
and the waves only answer
a tidal wave of Polish tears

Żyją, umierają
płaczą, łamią się
reperują, goją
umierają, umarły
rozbitkowie, złamane serca
odległy

Pozbawieni ojca
Bezdzietni

Morska woda koi ich
pokryte bliznami, toczone przez wszy ciała
Żebracy w obcej ziemi

żebrzący o wiarę
perskich kobiet
hinduskich lekarzy
i pakistańskich pielęgniarek
którzy oddzielali zmarłych od żywych

Fala za falą
wypływa

Agonia wlewa się do Persji
Morze Kaspijskie obmywa z emocji

Głos coraz cichszy
„Uwolnieni z Rosji"
i zamiera pośród
szeptu fal

Pośród westchnień
morza
Wołam ją Janina
i tylko fale odpowiadają
przypływem polskich łez

I found a fragment of a story online

Many of the arrivals in Iran were children, orphans whose
parents had died on the way. In Russia, starving Polish
mothers had pushed their children onto passing trains
heading towards Iran in the hope of saving them. "I can
never erase from memory the sight of an emaciated 14-
year-old girl, standing apart from a newly arrived group,
holding a tiny baby sister tightly in her arms, the smaller
so thin that the skin of her arms and legs hung loosely, as
on an old man. The older girl, Irenka Wozniak, whispered
as I went up to her: 'I could manage to save only little
Ewunia.'"

Calm your mind baby Ewunia, there is nothing to fear
Let the warm sea breeze at the shores of Pahlevi
blow through the transparent skin of your emaciated legs
and the heat of the sun bring balm to your weary cheeks
let it all go

This little dark-haired beauty
surely no more than a baby girl
disguised as a victim of hell

Calm your heart Irenka
you did so well
Don't whisper your guilt.
Lay down on this beach and be proud

Let the willowing love of the shocked
Persians heal your broken life
so burdened with the responsibility
of trying to save your family

So much for a child to bear
Don't whisper those words

Znalazłem fragment historii w Internecie

Wśród osób przybyłych do Iranu było wiele dzieci, sierot,
których rodzice zmarli po drodze. W Rosji, głodujące
polskie matki wpychały dzieci do przejeżdżających
pociągów w kierunku Iranu mając nadzieję na ich
ocalenie. „Nigdy nie zapomnę widoku wychudzonej
czternastolatki, stojącej z boku przybyłej grupy,
trzymającej kurczowo w ramionach swoją maleńką
siostrzyczkę. Dziecko było tak chude, ze skóra z jej rąk
i nóg zwisała jak u starca. Starsza dziewczynka, Irena
Woźniak, szepnęła, kiedy do niej podszedłem: Zdołałam
uratować tylko Ewunię".

Spokojnie Ewuniu, nie ma się czego bać
Niech ciepła bryza na brzegach Pahlevi
owiewa przezroczystą skórę na twych wychudzonych
nóżkach, ... A słoneczny żar przynosi ukojenie twoim
zmęczonym policzkom. .... Spokojnie

Ta mała ciemnowłosa piękność
z pewnością jeszcze dziecko
przebrane za ofiarę piekła

Ucisz serce, Irenko
dobrze zrobiłaś
Nie szepcz, żeś winna
Połóż się na plaży i bądź dumna

Niech oczyszczająca miłość wstrząśniętych
Persów uleczy twe złamane życie
z brzemieniem odpowiedzialności
za ratowanie twojej rodziny

Zbyt wiele by dziecko mogło znieść
Nie szepcz tych słów

it is not fit to say
to hurt yourself that way
to say in shattered hush

I could manage to save only little Ewunia

we do not know
how many brothers and sisters you tried to save
but lost

Or how your parents died or were lost to you
lie still
let healing begin

I want to rally you
to show you the wonder of you

to make it to Persia with Ewunia

to keep a baby alive
through thousands of miles with little food, only hope

Look, her heart beats
see it thump through the slip of rags
over her tiny frame

She lives
and you stand
though you must lie down
and let go of your sister
Close your eyes

I could manage to save only little Ewunia

And thus you save the world
Would that we were like you

tak nie trzeba mówić
ranić się w ten sposób
mówić łamanym szeptem

Zdołałam uratować tylko Ewunię

nie wiemy
ilu braci i ile sióstr usiłowałaś ocalić
ale straciłaś

Ani jak zginęli twoi rodzice lub jak ich straciłaś
leż spokojnie
pozwól się uleczyć

Chcę cie uzdrowić
pokazać ci jaki to cud

że dotarłaś z Ewunią do Persji

że zadbałaś, by dziecko przeżyło
przez tysiące mil bez jedzenia tylko z nadzieją

Spójrz, jej serce bije
widać uderzenia przez materię łachów
na jej drobnych ramionach

Ona żyje
A Ty stoisz
choć powinnaś się położyć
i puścić już siostrę
Zamknij oczy

Zdołałam uratować tylko Ewunię

A ocalasz świat
Gdybyśmy tyko byli tacy jak ty

Who was the good bureaucrat
to whom I owe so much?

The person who diligently
typed the long list of names
date of birth
place of birth
and where registered
for this administrative purpose

a common job
a dull job
on one of those old typewriters
you see in Bogart movies
in the private investigator's office

probably typed from reams of hand-written notes
collated in various centres
at ports or other points of entry

This person, tired of the
relentless monotony of typing in the details
in those long long sheets of paper
wondering 'what is the point of this?
It will all be tossed away when this is over'

and yet, here I am, sixty three years on
poring through an avalanche of names
looking for one name
the name I haven't yet found
from my list of four

Yesterday I found Danka's name
wrongly recorded as Marian
it should have been Maria
- Danka's the diminutive of her middle name Danuta -

Kim był urzędnik
któremu tyle zawdzięczam?

Osoba która rzetelnie
spisała na maszynie długą listę nazwisk
dat urodzenia
miejsc urodzenia
i miejsc rejestracji
dla potrzeb urzędu

zwykła praca
nudna praca
na jednej z tych starych maszyn do pisania
które widuje się w filmach z Bogartem
w biurze prywatnego detektywa

Przypuszczalnie przepisane ze stert odręcznych notatek
zebranych z różnych miejsc
w portach i innych punktach granicznych

Ta osoba, zmęczona
nieubłaganą monotonią spisywania szczegółów
na podłużnych kartkach papieru
zastanawiając się „po co to wszystko?"
Kiedy to się skończy wszystko wyrzucą

a jednak, sześćdziesiąt trzy lata później
przedzieram się przez lawinę nazwisk
szukając jednego
nazwiska, którego jeszcze nie znalazłem
z mojej listy czterech

Wczoraj znalazłem imię Danki,
przez pomyłkę zarejestrowanej jako Marian
powinno być Maria
- Danka to zdrobnienie od jej drugiego imienia, Danuta -

A raging story not told in those few typed words
Stepek, Marian, 1/7/27 b. Maczkowce, d. Luck; a. Teheran

Two months ago I found Janina's name
along with Zofia
and I cried.

But still not my father's name

He was too ill with typhus
to be evacuated with the mass of troops
so lay in the makeshift army camp
in Kermine
while Ander's army crossed the Caspian Sea
to freedom
from their gulag-stained nightmare.

Perhaps the bureaucrats
had left en masse
by the time my father's
typhus-wracked
lice-clogged
dysentery-riddled
hunger-squeezed
skin and bone frame
mind determined not to succumb to death's peace
reached the sacred shores of Persia

Or perhaps
as I continue my search
through these
sixty thousand names
I may come across
Stepek, Jan, 13/9/22 b. Maczkowce d. Luck; a. Teheran
that conveys little
and means so much

szalona historia nie zapisana w tych kilku słowach
Stepek, Marian, 1/7/27 u. Maczkowce, r. Luck; p. Teheran

Dwa miesiące temu znalazłem imię Janiny
oraz Zofii
i zapłakałem.

Ale wciąż nie ma imienia mojego ojca

Był zbyt chory na tyfus
żeby ewakuować się z zastępami żołnierzy
leżał w tymczasowym obozie
w Kermine
kiedy armia Andersa przekraczała Morze Kaspijskie
ku wolności
z ich nasiąkniętego gułagiem koszmaru

Może biurokraci
odeszli en masse
kiedy mój ojciec
zniszczony tyfusem
zawszony
toczony dyzenterią
złożony głodem
skóra i kości
umysł zdeterminowany by nie poddać się śmierci
dotarł to świętych brzegów Persji.

A może
kiedy kontynuuję moje poszukiwania
przez
sześćdziesiąt tysięcy nazwisk
natknę się na
Stepek, Jan, 13/9/22 u.Maczkowce r. Luck; p. Teheran
tak mało słów
a znaczy tak wiele

'Mister, bedpan please'
My father's first words of English
as dysentery wracked

......

Treblinka
The word
makes me shudder

......

Hail the wonder bug malaria
This angel of mercy
burrowed its way deep
into my father's bloodstream
as he lay between life and death
riddled with typhus
and dysentery
in a decrepit hospital bed
between factory machines
in Teheran

till the Archangel himself
in the form of the good mosquito
injected its parasitical saviour

Hail the marvel of malaria
which caused my father to burn
a fever so hot it nearly melted the sun

but killed off instead
the ravaging shadows of
his deadly diseases

and set him on the road to
health and long life
in enigmatic Scotland

„Mister, bedpan, please" [Panie, basen proszę (ang)]
Pierwsze słowa mojego ojca po angielsku
kiedy zaatakowała dyzenteria

......

Treblinka
To słowo
przyprawia mnie o dreszcz

......

Błogosław cud malarii
Ten anioł miłosierdzia
wrył się
w krwiobieg mojego ojca
kiedy leżał między życiem a śmiercią
toczony przez tyfus
i dyzenterię
w zniszczonym szpitalnym łóżku
między fabrycznymi maszynami
w Teheranie

aż sam Archanioł
pod postacią komara
wszczepił swe pasożytnicze zbawienie

Błogosław cud malarii
która sprawiła, że mój ojciec rozgorzał
gorączką która łatwo stopiłaby słońce

ale zamiast tego zabiła
pustoszące cienie
jego śmiertelnych chorób

i wyprawiła go w drogę ku
zdrowiu i długiemu życiu
w tajemniczej Szkocji

Jan Stepek in Polish Navy uniform circa 1943

Letter fron Janina to Wladyslaw 22 May 1940

ПОЧТОВАЯ КАРТОЧКА
CARTE POSTALE

Куда

Кому

Адрес
отправителя
Adresse
de l'expéditeur

Janina's gravestone 1942
Dulab, Teheran

Danka sick and malnouished
in Polish uniform
September 1942 aged 15

Danka in Polish national costume— December 1943

Aunt Zofia and Grandfather Wladyslaw

Teheran: 25th October 1942

In Teheran my grandmother died
of starvation
having survived war

transportation in cattle trucks

the asphyxiating journey over the Urals
to the whites of Siberia

the labour and lack of food

the long long journey to freedom
from the waste lands through Khazakstan
to Persia

to this hospital in Teheran
where she died

In another hospital nearby
a converted factory
with beds between the machinery
my father lay
fighting death
from starvation and malaria

unaware that his mother had given up the struggle
that day
......

She walked into my office
the skinny waif
and asked me please to hear her words
I looked askance
not quite knowing

Teheran 25 października 1942

W Teheranie zmarła moja babka
z głodu
przetrwawszy wojnę

transport w wagonach bydlęcych

duszącą podróż przez Ural
do śniegów Syberii

pracę i brak jedzenia

długą podróż ku wolności
z nieużytków przez Kazachstan
do Persji

ten szpital w Teheranie
gdzie zmarła.

W innym szpitalu nieopodal
przebudowanym z fabryki
Z łóżkami między maszynami
leżał mój ojciec
walcząc ze śmiercią
z głodu i malarii

nieświadomy, ze jego matka poddała
się tego dnia
......

Weszła do mojego biura
chuda i bezdomna
i poprosiła bym jej wysłuchał
spojrzałem spode łba
nie wiedząc

what to do or say to her
she looked so ill
she looked so pale
she looked so
out of place in my
plush office suite
with all its fine
soft seats and
polished desk

Who gets to live
Who has to die
in this strange bundle of
rags that is life?

Something snuck
inside of me
Perhaps the jarring
juxtaposition
of her dull sad eyes
and expressive hand gestures
The fine small hands
that waved and beckoned
to me and sculpted far away
places and events
with an ebb and flow
that spoke of loss and pain
and begged for – please –
a little understanding

If not a hug
the warmth of someone's arms around her
someone safe
someone mother-like

Who gets to live?

co zrobić ani co jej powiedzieć
wyglądała na chorą
taka blada
wyglądała tak
nie na miejscu
luksusowe biuro
ze wszystkimi wytwornymi
miękkimi siedzeniami
i polerowanym biurkiem.

Kto ma żyć
a kto umrzeć
w tym dziwnym tobołku
łachmanów jakim jest życie?

Coś zakradło się
do mojego wnętrza
Być może ostre
zestawienie
jej pustych smutnych oczu
Ekspresyjnych gestów
Wytwornych małych rąk
które machały i wabiły
mnie i rzeźbiły odległe
miejsca i wydarzenia
odpływy i przypływy
które mówiły o utracie i bólu
i błagały o – proszę -
trochę zrozumienia

Jeśli nie uścisk
ciepło czyichś ramion wokół niej
kogoś bezpiecznego
kogoś matczynego

Kto ma żyć?

I signed the assent
gently touched her hand
bade her quietly
Good luck

Danka in Palestine 1943

I had a dream
that my brother, dead
walked into my hospital dorm
with my sister, arm in arm

he, in Polish navy uniform
recovered, healed, and smiling
In my fevered dream
I reached out and held him

Wladyslaw's Death 1943

I think of Janina more than of Wladyslaw

He seemed much more ready
for war and its horrors
having toughed it out in prison camps before

and she, the genteel daughter of a rich family

How absurd the mind that tortures itself
Wladyslaw's anguish outstretched in old letters
Janina's pleas penned in increasingly desperate shards
of paper
as if one despair can be measured against the other

I turn and stroke both their cheeks
accept equality of grief
bereft of both

Podpisałem zgodę
delikatnie dotknąłem jej ręki
cicho życzyłem jej
szczęścia

Danka w Palestynie 1943

Miałam sen
że mój brat, ten martwy
wszedł do mojego szpitalnego pokoju
z moją siostrą, ramię w ramię

on, w mundurze polskiej marynarki
zdrowy, uleczony i uśmiechnięty
W moim gorączkowym śnie
Wyciągnęłam rękę i dotknęłam go

Śmierć Władysława 1943

Myślę o Janinie częściej niż o Władysławie

Wydawał się gotowy
na wojnę i jej okrucieństwa
Stwardniał już wcześniej, w więzieniu

a ona, delikatna córka bogaczy

Jak niedorzecznie torturuje się umysł.
Udręki Władysława wyłożone w starych listach
Błagania Janiny, coraz bardziej desperackie
kawałki papieru
jakby czyjąś rozpacz można było porównać do innej

Odwracam się i głaszczę ich policzki
akceptuję jednakowość ich żałoby
cierpienie obydwojga

I wish I had known Wladyslaw
political radical, faltering farmer
I wish I had known him
who fled the death squad
my teenage father driving him
in the cart, shotgun on his lap

I wish I had been there for him
cancer-ridden, his wife and children stolen
He, unable to save them

I wish I had known him
who died in his homeland
fighting for its freedom
as he had done all his life

Looking Back

You I don't know but could
if I tried but don't
Life has unacceptable choices
a night watching TV
or a visit to my frail aunt
in her nursing home

Too far
Too late
Too ready to make excuses

Your epic love
sits stock still
half-abandoned
requiring someone
to unlock it

I postpone and procrastinate

Szkoda że nie znałem Władysława
politycznego radykała, niepewnego rolnika
Szkoda, ze go nie znałem
uciekł plutonowi egzekucyjnemu
mój nastoletni ojciec wiózł go
furmanką, broń na kolanach.

Szkoda, że nie było mnie tam, kiedy
toczony przez raka, jego żona i dzieci skradzione
On, nie mógł ich ocalić.

Szkoda, że go nie znałem
umarł w ojczyźnie
walcząc o wolność
robił to przez całe życie

Patrząc wstecz

Ty ja nie wiem ale mógłbym
gdybym spróbował ale nie
Życie to seria wyborów nie do zaakceptowania
jak nocne oglądanie telewizji
wizyta u mojej słabowitej ciotki
w domu opieki

Za daleko
Za późno
Za łatwo znaleźć wymówkę

Twoja niestrudzona miłość
ucichła
na wpół opuszczona
potrzebuje kogoś
żeby ją odblokował

Odkładam i zwleka

while your memory
preserves
Janina on the cross
Janka martyred in holy communion

Hamilton is a long way from salvation
......

So very slow now
like the sun setting in the Scottish summer blur

So very quiet now
like the moon's holy presence in the pre-human dawn
A strength, failing, yet solid as rock
forbids the inevitable
pushes back its bleak presence
......

Her smile hints of tragedy
unspoken
her twinkling eyes
belie infinite grief

After eighty years she remains
a little girl
and a daughter who wants to be with her parents
......

You so old so frail, aware of the end
who said,
'Eventually you stop trying'

who gathered up the pain of
infinite varieties of mundane barbarity
soaked it all up
in a garment of self-protection

podczas gdy twoja pamięć
ocala
Janinę na krzyżu
Jankę męczennicę w komunii świętej

Hamilton jest daleko od zbawienia

......

Bardzo, bardzo wolno
jak słońce zachodzące na błękitnym szkockim niebie

Tak bardzo cicho
jak święta obecność księżyca w przedludzkim świcie
Siła zawodzi, a jednak twarda jak skała
powstrzymuje nieuniknione
odpycha jego posępną obecność

......

Jej uśmiech zwiastuje tragedię
niewypowiedzianą
jej błyszczące oczy
ukrywają bezgraniczny smutek

Po osiemdziesięciu latach pozostaje
małą dziewczynką
córką, która chciałaby być z rodzicami

......

Ty taki stary, taki wątły świadomy końca
powiedziałeś
„W końcu przestajesz się starać"

zebrałeś cały ból
nieskończonych odmian doczesnych barbarzyństw
wchłonąłeś je
w odruchu samoobrony

Poised brittleness
energy that lived on massive restraint

Let's grieve together
for your mother
for your father
who rotted alone
never to see his Janina again
or his three lights of life
and for Poland's pain
the diaspora here in Scotland
their Slavic smiles etched in unfathomable agony
a spread of love strewn through Europe's glory

Let's sit together
father and son
with the ghosts of those we never saved
shimmering around us
three generations entwined
tears from heaven soaking
the tattered gulag clothes we share
on this long voyage
into the good light
......

(For Czeslaw Stepek, victim of Auschwitz
and Josef Ciupka, found at Katyn)

Would my grandfather have been sent there
if they had found him
or would he have ended up amongst the corpses in Katyn?

Maybe that would have been more fitting
than death by shattered heart
broken by his family's deportation
and he alone, escaped

Zrównoważona kruchość
powstrzymywana energia

Opłakujmy razem
twoją matkę
twojego ojca
który zgnił sam
nie zobaczywszy nigdy więcej Janiny
ani trzech świateł swojego życia
ból Polski
diasporę w Szkocji
ich słowiańskie uśmiechy wyryte niewyobrażalną agonią
powszechna miłość rozsypana ku chwale Europy

siądźmy razem
ojciec i syn
z duchami tych, których nie ocaliliśmy
migoczącymi wokół nas
trzy pokolenia powiązane
łzy z nieba wsiąkają
w znoszone obozowe łachy, które dzielimy
w tej długiej podróży
ku dobremu światłu
......

(Dla Czesława Stepka, ofiary Oświęcimia i Józefa
Ciupka, znalezionego w Katyniu)

Czy posłano by tam mojego dziadka
gdyby został odnaleziony
czy raczej skończyłby wśród trupów w Katyniu?

Może to byłoby odpowiedniejsze
niż śmierć ze skołatanym sercem
złamanym wywózką rodziny
a on samotny, uciekł

The world's pain is Poland
the world's hope
lies in the hearts of children
hearing the words
Auschwitz, never forget

Haunting pleas from
survivors, desperate now
they know their time is come
never forget, they tug
at my sleeve
through the TV screen
never forget
and learn

A burden then for me,
the generation that followed
to teach my two children
of madness unleashed
of my father's wounds
and how my distant heart aches
for a grandmother's hug
that was never to come
of Poland's massacre
and the Holocaust

the Polish soil, the land
that is in my children
though they feel only Scots
The time will come
perhaps
when that historic pain
washes over their lives
and they'll feel it
as I did, gradually, softly
till my consciousness changed

Polska jest bólem świata
nadzieją świata
która żyje w sercach dzieci
gdy usłyszą słowo
Oświęcim, nigdy nie zapomną

Natarczywe wołania
ocalonych teraz
kiedy wiedzą, że ich czas nadszedł,
zdesperowanych, by nie zapomnieć, ciągną
mnie za rękaw
Przez ekran telewizora
nigdy nie zapominaj
i ucz się

Obowiązek spada więc na mnie
na następne pokolenie
żeby nauczyć moje dzieci
o niepowstrzymanym szaleństwie
o ranach mojego ojca
o tym, jak odległe serce pragnie
objęć babki
która nie przetrwała
masakry Polski
ani Holocaustu

polska ziemia, kraj
żyje w moich dzieciach
choć czują się Szkotami.
Nadejdzie czas
być może
kiedy ból historii
obmyje ich życia
i to poczują
jak ja poczułem, stopniowo, miękko
aż moja świadomość uległa zmianie

till I was filled with the pain
and pride of that most beguiling
of emotional projections
Poland

where these sixty years passed
have scarcely dried the blood
of the lambs of God
when the whole of European civilisation
was washed away in that desolate word

Auschwitz

Epilogue

Belatedly I think of you who
brought me into this paradise of
life and beauty and
raised me from squealing bairn to
precocious wean with great
sacrifice and unending love even when your
energies were completely emptied.

My mother who gave without seeking
return and who worried
needlessly about her ten strange
offspring whose wild natures threw all
hopes and predictions into the
air and whose bizarre paths led everywhere but
the path that she wanted
but she took it all and
never complained but continued
to pour out love like a vast donor of life.

aż wypełniłem się bólem
i duma z tej najbardziej złudnej
z uczuciowych projekcji
Polską.

gdzie umknęło te sześćdziesiąt lat?
ledwie zaschła krew
na barankach bożych
kiedy cała cywilizacja europejska
została zmyta z tego opuszczonego świata

Oświęcim

Epilog

Późno myślę o Was, którzy
przywiedliście mnie do tego raju
życia, piękna i
wychowaliście mnie od kwilącego dziecięcia
do przedwcześnie dojrzałego z wielkim
poświęceniem i niekończącą się miłością kiedy Wasza
energia zupełnie się wyczerpała

Moja matka która nie szukała
wdzięczności i która martwiła się
niepotrzebnie o jej dziesięcioro dziwnych
potomków, których dzikie usposobienia zaprzepaszczały
wszystkie nadzieje i plany
i których dziwaczne ścieżki wiodły wszędzie tylko nie
tam, gdzie ona chciała
ale zniosła to i
nigdy nie narzekała, ale stale
darzyła ich miłością jak bezdenny dawca życia

My father whose energies overflowed
with matchless grit and
won every battle against life's delusional obstacles
fought and pushed and created and pulled us up
roughly by the scruff of the neck and
said life is hard and you must face it squarely and
make of it all you can, and eventually I understood and
try to love life with a similar passion.

To you both I bow my head in
gratitude and love, for
in parenthood myself I understand a
little of the burdens we were and
the love that you gave
Now when the end is on our minds
it is time to express homage
and when life's energies start slipping away
measure your strengths and use them wisely
remember that you gave more than
most, and that you gave your all to us, your
children, who now, belatedly, express gratitude

......

Janina I love you
or rather the thought of you

I cradle your dying body in my arms
letting you know your family love you

Janina the stars still sparkle
your worn out eyes shine brightly their reflection

I wash your broken body with a grandson's tears
healing you with the salted emptiness of you in my life

Mój ojciec którego energia płynęła
z niedoścignioną wytrwałością
wygrał bitwę z każdą urojoną przeszkodą życiową
Walczył i pchał i tworzył i szarpał nas
szorstko za kołnierz
mawiał że życie jest ciężkie i trzeba z nim stanąć twarzą
w twarz korzystać z niego jak najlepiej i w końcu
zrozumieć i kochać życie z pasją

Przed wami obydwojgiem chylę czoła z
wdzięcznością i miłością, bo
sam będąc rodzicem wciąż nie zdaję sobie sprawy
jakim byliśmy ciężarem i
Z miłości którą nam darowaliście
Teraz kiedy myślicie o końcu
nadszedł czas by wyrazić hołd
i kiedy energia życiowa jest na wyczerpaniu
mierzcie siły i używajcie ich mądrze
pamiętajcie, że daliście więcej niż
wielu, i że oddaliście się nam, waszym
dzieciom, które teraz, późno, wyrażają wdzięczność

......

Janino kocham cię
a raczej myśl o tobie

Kołyszę twoje umierające ciało w ramionach
wiedz, że twoja rodzina cię kocha

Janino gwiazdy wciąż migoczą
w twoich zmęczonych oczach odbija się ich blask

Obmywam twoje zniszczone ciało łzami wnuka
lecząc cię słonym brakiem ciebie w moim życiu

Janina your children are old now
thinking of death, and you so young

I prepare your still warm body
anointing it with oil and perfume

Janina the Polish blood, spilled, was fertile
and freedom its passionate fruit

I relieve your fretful ghost form
soothe the ache, stroke your ethereal face

Janina it is time to rest now
time for us all to heal at last

I dress your pale cold body in a white silk shroud
and bury you anew in Haczow to lie with Wladyslaw

Janina look at the gravestone in my heart
at the words carved by your grandchild

'Janina Ciupka Stepek 1902 - 1942
Mother of my father
Mother of my aunts
Wife of Wladyslaw

victim of war

we love you who never knew you'
......

"Why are you crying young man?"
asked an old lady of a young Polish airman
as together they watched
the Victory Parade proceed down the Mall.

Janino twoje dzieci są już stare
myślą o śmierci, a ty wciąż młoda

Przygotowuje twoje wciąż jeszcze ciepłe ciało
namaszczam je olejami i pachnidłami

Janino polska krew, rozlana, była płodna
a wolność to owoc jej namiętności

Uwalniam twojego strwożonego ducha
koję ból, gładzę twoją nieziemską twarz

Janino czas odpocząć
czas zaleczyć wszystkie nasze rany

Ubieram twoje blade, chłodne ciało w biały jedwabny całun
i grzebię cię na nowo u boku Władysława w Haczowie

Janino spójrz na nagrobek w moim sercu
na słowa wyryte przez twoje wnuki

„Janina Ciupka Stepek 1902-1942
Matka mojego ojca
Matka moich ciotek
Żona Władysława

ofiara wojny

choć cię nigdy nie poznaliśmy, kochamy cię".
......

„Dlaczego płaczesz młodzieńcze?"
zapytała staruszka młodego polskiego lotnika
kiedy razem oglądali
Paradę Zwycięstwa sunącą wzdłuż The Mall

Why are we crying
seven decades later
the children
and the children of the children?

History airbrushed our parents and grandparents
from the list of the victims of war
just as Poles were wiped from the Victory Parade of 1946

We will not suffer the invisibility
of our loved ones' despair

We will not accept the non-existence
of their epic odyssey
that is our astonishing heritage
the people removed from the Kresy to Siberia
will be remembered

......

They are dying now the children
who were deported from Poland to Siberia
their time has come
who cheated death seventy years ago

but they do not really die
for in our love and memory
they remain
their footprints etched in foreign soil
are etched too in our consciousness
and we are ready to pass on their legacy to our children
when it comes our time to die
so though they die
and we mourn their loss
they stay with us
in our every breath

Czemu płaczemy
siedem dekad później
dzieci
i dzieci ich dzieci?

Historia wymazała naszych rodziców i dziadków
z listy ofiar wojny
tak jak Polacy zostali usunięci z Parady Zwycięstwa w 1946

Nie będziemy cierpieć niewidzialnej
rozpaczy naszych bliskich

Nie zaakceptujemy nieistnienia
ich dramatycznej odysei
która jest naszym zdumiewającym dziedzictwem
ludzie wysiedleni z Kresów na Syberię
będą trwać w naszej pamięci

......

Umierają teraz te dzieci
deportowane z Polski na Syberię
ich czas nadszedł
oszukały śmierć siedemdziesiąt lat temu

Ale nie umierają naprawdę
bo ich miłość i pamięć
pozostaną
ich ślady są wyrzeźbione w obcej ziemi
i w naszej świadomości
i jesteśmy gotowi przekazać ich spadek naszym dzieciom
kiedy nadejdzie nasz czas
więc mimo iż umierają
i opłakujemy ich odejście
zostają z nami
w każdym oddechu

Now I know
now I understand
but can never truly understand.

May you live well
for a long time yet
may you be loved by your children
by your grand-children

and may Heaven feel like Maczkowce
in the Summer just before harvest.

Three Calligraphies

1. Polish Calligraphy

Blood finely painted over white cloth
etched in the soil by dying young men
suffering strewn on the aching page
resistance scrawled on the fabric of a flag
gliding like an eagle in the Slavic sun
an unfathomable part of my mindstream

2. Scots Calligraphy

Words painted over cloth
designed by antiquity for all our tomorrows
woes woven into fabric
complexity crafted in carved rock
in intricate calligraphy of wild Atlantic waves
an incomprehensible part of my bloodstream

3. Universal Calligraphy

Men gorged on vicious pride

Teraz wiem
Teraz rozumiem
ale tak na prawdę nigdy nie zrozumiem

Żyjcie dobrze
jeszcze długo
niech dzieci was kochają
i wnuki

i niech niebo będzie jak Maczkowce
latem tuż przed żniwami

Trzy Kaligrafie

1. Polska Kaligrafia

Krwią dokładnie zamalowane białe płótno
wytrawione w ziemi przez umierającego
cierpienie porozrzucane na karcie bólu
opór nabazgrany na materii flagi
Jak szybujący orzeł w słowiańskim słońcu
niezgłębiona część strumienia mojej świadomości

2. Szkocka kaligrafia

Słowa namalowane na płótnie
projekt starożytności na nasze jutra
nieszczęścia wplecione w materiał
złożoność wyrytą w skale
zawiła kaligrafia fal Atlantyku
niepojęta cześć mojego krwiobiegu

3. Uniwersalna kaligrafia

Człowiek zżerany zjadliwą dumą

trample over lands and ages
striking at everything that lives
purity pours luscious light on our wounds
vanquishes the darkness in our souls
this incomprehensible marvellous life stream
......

We grow old before the setting sun
wrinkle through the night
sunrise smoothes away the lines
and we grow young with the dawn.
......

From the impenetrable fog of the south
floats a pale sad figure
dressed in rags
her face drawn, haggard
she is forty years old

I come from my grave in Teheran
I am Janina
My body failed when starvation called
when the will to continue disappeared
in the exhausting lands, the endless rail tracks
on the Russian soil

From the west comes
a man, fifty, broken in heart
eaten inside by cancer
a shroud wrapped around his hollow shoulders
his empty eyes look for four faces

I come from my grave in Haczow
I was always waiting for news of my stolen wife
and children
resisting, hiding, from the Red Army and the Nazis too

depcze po krainach przez wieki
uderza we wszystko co żyje
czystość wylewa soczyste światło na nasze rany
przezwycięża ciemność w naszych duszach
ten niezrozumiały cudowny strumień życia
......

Starzejemy się zanim zajdzie słońce
zmarszczki pogłębiają się przez noc
wschód słońca wygładza wszystkie linie
i młodniejemy z nastaniem świtu
......

Z nieprzeniknionej mgły południa
wyłania się smutna blada postać
ubrana w łachmany
jej twarz wynędzniała, wychudła
ma czterdzieści lat

Przychodzę z mojego grobu w Teheranie
jestem Janina
Moje ciało nie dało rady głodowi
kiedy odeszła wola przetrwania
W wyczerpujących krainach niekończące się tory
na rosyjskiej ziemi

Z zachodu nadchodzi
mężczyzna pięćdziesięcioletni, ze złamanym sercem, toczony
przez raka
całun okrywa jego zapadnięte ramiona
jego puste oczy szukają czterech twarzy

Przychodzę z miejsca mego pochówku Haczowa
zawsze czekałem na wieści od odebranych mi żony i dzieci
stawiałem opór, ukrywałem się przed
Armią Czerwoną i hitlerowcami

I am Wladyslaw, husband of Janina
father of three long lost children, my jewels

From distant Scotland and England
three aged figures emerge, hand in hand,
dressed in modern clothes
they have shadows cast by moonlight
teenage children's shapes

I am Jan. Zosia. Danka.
we are the children who never grew up
the old ones who lived the lost years
We are the three who blocked out our search
for our father, our mother
for to search was to know too much pain

As the five moved together
Janina's heartache lifted
Wladyslaw blossomed
and Jan, Zosia and Danka threw off the decades
to become once again children
as the fog lightened, the mist rose
they were in the sunlight of Maczkowce
and as the cows and the pig rested in the byre
the family hugged each other
and they laughed in the fertile soil of home

......

May she rest in peace
never alone, not for an instant
in far off Teheran

May he rest in peace
at the home of our ancestors
in beautiful Haczow

Jestem Władysław, mąż Janiny
Ojciec trójki utraconych dzieci, moich skarbów

Z odległej Szkocji i Anglii
nadchodzą trzy postacie, ręka w rękę
ubrane współcześnie
rzucają cienie w świetle księżyca
cienie nastolatków

Jestem Jan. Zosia. Danka.
jesteśmy dziećmi, które nigdy nie dorosły
starymi, które przeżyły stracone lata
Jesteśmy trójka, która zaniechała poszukiwań
ojca, matki
bo szukać znaczyło zaznać zbyt wiele bólu

Kiedy tych pięcioro zbliżyło się do siebie
ból serca Janiny ustąpił
Władysław się rozpromienił
a Jan, Zosia i Danka odmłodnieli o dekady
żeby znów stać się dziećmi
mgła zelżała, podniosła się
znów byli w słońcu Maczkowców
bydło i trzoda jak zwykle w oborze
przytulili się
i roześmiali na płodnej, ojczystej ziemi

......

Niech spoczywa w pokoju
nigdy sama, nawet przez chwilę
w dalekim Teheranie

Niech spoczywa w pokoju
w ojczyźnie przodków
w pięknym Haczowie

Happy ex-prisoners leave the gulag as a result of the amnesty

A railway station buffet is besieged by released prisoners

Postscript

For details of the events remembered here please visit the Kresy Siberia Virtual Museum at http://www.kresy-siberia.org/

Postscriptum

Więcej szczegółów dotyczących opisanych w powyższych wierszach wydarzeń, znaleźć można na stronie wirtualnego muzeum Kresów i Syberii http://www.kresy-siberia.org/

About the Author

Martin Stepek is immersed in the arts, business, politics, wellbeing and heritage. He was co-owner of the Scotland Top 500 business, electrical goods retailer J. Stepek Ltd which his father Jan founded on arrival in Scotland as a political refugee from Poland.

He co-founded the Scottish Family Business Association (SFBA) to bring best practices for family businesses to Scotland. In 2011 he won the UK's most prestigious lifetime award for services to family businesses.

He is a mindfulness consultant. This is an NHS treatment for depression and stress, and a method by which emotional intelligence and compassion can be cultivated. He teaches a class at the University of the West of Scotland and a forum on mindful leadership in Glasgow.

He was the Scottish Green Party's leader in 2003-2004 and took part in government coalition talks between the SNP and the Greens in 2007.

Thus Martin has had a diverse career during which, at every opportunity, he has promoted, and will continue to promote, links between Scotland and Poland.

O autorze

Martin Stepek angażuje się w działalność na wielu różnorodnych polach: nie tylko sztuki, ale także biznesu, polityki, zdrowia i dziedzictwa narodowego. Był współwłaścicielem firmy znajdującej się na liście pięciuset najlepiej prosperujących w Szkocji, J. Stepek Ltd. Jego ojciec, Jan, założył ją na użytek handlu artykułami elektrycznymi, po przyjeździe do Szkocji.

Martin jest również współzałożycielem Stowarzyszenia Szkockich Biznesów Rodzinnych (Scottish Family Business Association – SFBA), które zajmuje się promocją najlepszych rozwiązań dla interesów rodzinnych. W 2011 został wyróżniony jedną z najbardziej presitżowych, brytyjskich nagród za swoje dokonania na rzecz rodzinnych biznesów.

Jest konsultatem tzw. ,,praktyki uważności'' (mindfulness). Jest to terapia Narodowej Służby Zdrowia (NHS) stosowana w stanach depresji oraz stresu. Metoda ta pozwala na rozwój inteligencji emocjonalnej oraz wrażliwości. Wykłada na Uniwersytecie Zachodniej Szkocji, prowadzi też zajęcia dla liderów praktyki uważności w Glasgow.

W latach 2003-2004 był liderem szkockiej Partii Zielonych i brał udział w rozmowach koalicyjnych między SNP i Zielonymi w 2007.

Podczas swojej długoletniej i bogatej w doświadczenia karierze, Martin zawsze wykorzystywał, i zawsze będzie wykorzystywał, każdą okázję do umacniania więzi między Szkocją i Polską.

In Memoriam

Jan Stepek

My father Jan Stepek died on 26th of October 2012 just as this book was to be published. I hope that this poem gives the reader a sense of the magnitude of his life, the values he upheld, and the love his family felt for him.

Tuż przed publikacją tego tomiku, 26 października 2012 roku zmarł Jan Stepek - mój ojciec. Mam nadzieję, że moje wiersze w pełni oddadzą skalę jego przeżyć oraz wartości, którymi się kierował, a także miłości, jaką otaczała go rodzina.

Teresa Stepek

My mother Teresa Stepek died on 18th of November 2012, three weeks after my father's death. The publication of this volume was postponed to allow these few words of tribute to be included. She was the great healing force in my father's life after the traumatic period covered in this poem. Her early life story deserves a book of its own. They knew each other for 65 happy years and it was fitting that they passed away within a few weeks of each other.

Moja mama, Teresa Stepek, zmarła 18 listopada 2012 r. - trzy tygodnie po śmierci ojca. Niniejsze wydanie zostało wstrzymane, by zawrzeć w nim kilka słów ku uczczeniu jej pamięci. Była dla mojego ojca niewyczerpywalnym źródłem ukojenia pozwalającym mu iść przez życie po traumatycznych doświadczeniach, o których mowa jest w mojej poezji. Jej wczesne lata zasługują na wydanie osobnej książki. Znali się od 65 szczęśliwych lat i widocznie tak im pasowało, odejść razem w przeciągu kilku tygodni.

For further information visit
www.martinstepek.com